Marilyn X

DU MÊME AUTEUR
AU CHERCHE **MIDI**

La Porte du Messie, 2014.
L'Origine du monde, 2015.

Philip Le Roy

Marilyn X

ROMAN

cherche
midi

L'auteur a bénéficié d'une aide du Centre national du livre
pour l'écriture de cet ouvrage.

Ouvrage publié sous la direction d'Arnaud Hofmarcher
et de Marie Misandeau

Couverture : Mickaël Cunha

23, rue du Cherche-Midi
75006 Paris

Seule !!!!! Je suis seule.
Je suis toujours seule quoi qu'il arrive.

Marilyn Monroe

Ce livre est une œuvre de fiction basée sur des rapports d'enquête, des expertises médicales, des témoignages et des faits historiques avérés. En conséquence, toute ressemblance avec des situations réelles et avec des personnes existantes ou ayant existé est volontaire.

1

Brûlée

Tous ceux qui ont plus de 50 ans se souviennent de la série *Les Envahisseurs*. Chaque épisode commençait par cette accroche mémorable :

Les envahisseurs, ces êtres étranges venus d'une autre planète. Leur destination : la Terre. Leur but : en faire leur univers. David Vincent les a vus. Pour lui, tout a commencé par une nuit sombre, le long d'une route de campagne, tandis qu'il cherchait un raccourci que jamais il ne trouva. Cela a commencé par une auberge abandonnée et par un homme que le manque de sommeil avait rendu trop las pour continuer sa route. Cela a commencé par l'atterrissage d'un engin spatial venu d'une autre galaxie...

Tout est là : le génie de la mise en situation, la menace inconnue, le complot auquel personne ne croit, les circonstances qui vont transformer un homme ordinaire en héros, la volonté et le hasard comme étincelles du destin.

À la différence de David Vincent, je ne suis pas architecte mais écrivain et je ne cherchais pas de raccourci en ce mois de juillet 2012. Mais j'ai bien perdu mon chemin et croisé des êtres étranges.

Tout a commencé par une vive envie de m'éloigner d'une France apathique et dépressive. L'Ouest américain me semblait idéal pour changer de décor. Et l'US 66 la voie royale pour y accéder. Ou plutôt la voie mythique. Si le calendrier incite à fêter les saints et les médias à vénérer ceux qui font du blé, je préférais exalter les mythes. Ils ont la réalité pour noyau dur comme l'a écrit Peter Van Greenaway, l'auteur de *The Medusa Touch.*

J'ai donc pris l'avion en compagnie de mon épouse. Ma femme, ma chérie, ma partenaire, mon antipode, bébé ou Coco suivant les circonstances. Elle partageait plus que moi l'envie de changer d'air.

Nous avons quitté Chicago au volant d'une Dodge Charger louée à l'aéroport. Direction Los Angeles, situé à l'autre bout de la 66. Rouler hors des sentiers battus procure des avantages. Celui de disposer de plus de temps. D'avoir de nouveaux yeux. De rencontrer des individus peu conventionnels, désaxés, sans assistance. Nous croisâmes un ancien assureur qui fabriquait des faux billets pour contrer le système de l'argent dette, un obèse qui avait décidé de faire fondre 200 livres de graisse en marchant jusqu'à Los Angeles, un Indien séminole qui traduisait le Coran en muskogee pour combattre l'Amérique, un ex-trader échappé des attentats du World Trade Center qui reproduisait *Le Jugement dernier*, de Michel-Ange, sur le plafond d'une grotte du Missouri.

Nous avions franchi le Rio Grande depuis deux heures lorsque je commis l'erreur de suivre la route en direction du nord. Je n'ai pas le sens de l'orientation. Cela engendre les mésaventures mais aussi l'aventure. Mon épouse dormait sur le siège passager. Devant moi, le tracé peu carrossable me faisait regretter de ne pas avoir pris le Jeep Liberty conseillé par le loueur de voitures. J'écoutais en sourdine *Like a rolling stone*, de Bob Dylan. Classée meilleure chanson de tous les temps devant *I can get no satisfaction* et *Imagine*, elle éveillait en moi des résonances américaines. Comme l'odeur de la cannelle.

How does it feel
To be without a home
Like a complete unknown
Like a rolling stone ?

– Tu vas trop vite !

Ma chérie a cette faculté au réveil d'ouvrir les yeux et la bouche en même temps.

– Tu rigoles, Coco, je suis au ralenti.

– Je t'ai déjà dit que je n'aimais pas ce surnom.

– C'est mignon.

– Non, ça fait suspect.

Son regard balaya la mesa pelée, les arbres racornis, les buissons secs.

– Où est-on ? demanda-t-elle.

– On est perdus.

– Quoi ?

– C'est bon, il n'y a pas de quoi s'affoler.

– Tu as branché le GPS ?

– Il ne capte rien.

– On a de l'eau ?
– Non.
– De l'essence ?
– Je cherche une station depuis un moment.
– Tu as raison, il n'y a aucune raison de s'affoler.
– Ça va, on n'est pas dans le Sahara.
– Dans le Sahara on rencontre des gens.
– Il y a des Indiens, mais on ne les voit pas. Contrairement aux Occidentaux, ils ont la faculté de se fondre dans l'environnement.
– Cette brillante analyse va sûrement nous aider.

Nous roulâmes encore quelques miles en nous engueulant plus sur les causes de notre errance que sur les moyens d'y mettre un terme. La route se rétrécissait. Il fallait choisir entre continuer vers l'inconnu sur un tracé de plus en plus cahoteux et rebrousser chemin au risque de ne pas être plus avancés. Nous décidâmes de maintenir notre allure droit devant en subissant les soubresauts du véhicule asphyxié par la poussière. Je balançai du lave-glace sur le pare-brise et coupai la radio.

Un panneau se matérialisa. Nous déchantâmes en découvrant qu'il avait été troué à la chevrotine. La tension monta d'un cran dans l'habitacle.

J'arrêtai la voiture sans me ranger sur le bord de la route car il n'y avait ni circulation, ni bas-côté. Une petite colline se dressait devant nous.

– De là-haut, on verra peut-être quelque chose, suggérai-je.
– Pas question d'y aller à pied.
– Il n'y a pas de route.
– On s'en est passés jusque-là.

Je braquai sans conviction vers l'éminence et slalomai entre les cailloux qui roulaient sous les pneumatiques surchauffés. En attaquant la pente de biais, nous réussîmes à atteindre un promontoire. Je coupai le contact et j'attendis que la poussière retombe.

Le relief désertique s'étendait à perte de vue. L'ascension nous avait appris une chose : on était encore plus perdus qu'on ne le pensait. Le GPS était toujours en phase de recherche. Je pensai soudain à une phrase de l'auteur du *Capitaine Fracasse* :

– Théophile Gauthier disait que le manque d'imprévu et d'inconnu était l'un des grands malheurs de la vie moderne.

– Ah oui ? Et ceux qui n'ont pas retrouvé leur chemin dans le désert, tu sais ce qu'ils disaient ?

– Non.

– On est cuits.

Une fumée grise s'élevait au loin. J'ai zoomé au Caméscope et réglé la mise au point sur la colonne vaporeuse qui soutenait le ciel moucheté.

– On dirait un incendie.

– Qu'est-ce qui peut brûler dans un désert ?

– Certainement pas une forêt.

– On devrait aller voir.

Je lançai la Dodge dans la pente opposée sur un terrain plus fréquenté par les chevaux et les serpents que par les véhicules à moteur. On suivit une piste qui avait dû être tracée à l'ère des diligences. Elle s'effaçait progressivement en direction de deux buttes qui bosselaient le panorama érodé. De l'autre côté des inselbergs s'étalait une vallée de roches.

Je m'arrêtai pour fixer une tache noire à l'horizon. Elle ressortait sur fond d'oxyde de fer et de manganèse dont les couleurs étaient exacerbées par le soleil. À travers le zoom de la caméra, je distinguai les cendres d'une bâtisse, au bord d'un étroit canyon.

Lorsque nous atteignîmes les lieux du sinistre, des pointes de flammes sporadiques achevaient leur dévastation minutieuse. Je stoppai la Dodge près d'un vieux pick-up garé dans la cour. L'odeur de brûlé nous agressa les bronches. La charpente s'était effondrée autour de la cheminée en pierre. Un peu plus loin, une grange était encore debout.

Une poule égarée répondit à nos appels en caquetant. Je posai le pied sur le plancher calciné de la véranda. L'armature d'un canapé et une télévision fondue matérialisaient l'emplacement du salon. Dans la cuisine, un frigo noirci par le feu ressemblait à un gros coffre-fort. L'évier perché au bout de la colonne d'évacuation avait l'allure d'une vilaine fleur fanée. Je me risquai dans ce qui devait être le couloir. Au bout de celui-ci trônait une cuvette de W.-C. sur laquelle l'abattant avait dégouliné. Avec un peu d'imagination, on pouvait reconstituer les aménagements. Sur ma gauche, un salon, une salle à manger et une chambre à coucher. Sur ma droite, une cuisine, une salle de bains, une autre chambre et une pièce au centre de laquelle rougeoyait un tas de braises qui avait dû être un bûcher de vêtements, de livres et de papiers divers. Quelques cahiers partiellement calcinés avaient dégringolé de l'amoncellement. Ils étaient ouverts comme s'ils avaient cherché à s'envoler pour échapper à l'autodafé. J'en ai ramassé cinq avec la même précaution que s'il s'agissait d'oiseaux blessés. Les couvertures en papier glacé avaient résisté aux flammes et protégé les pages qui n'avaient pas été arrachées. La température de 451° Fahrenheit, à laquelle un livre brûle, si l'on se réfère au célèbre roman de Ray

Bradbury, n'avait pas suffi pour les consumer. Chaque cahier correspondait à une année : 1999, 2006, 2008, 2010 et 2012.

Cinq journaux intimes.

Je tombai sur une page datée du 28 octobre 1999. Elle commençait par ces mots : *Je n'en reviens pas.*

Je rejoignis mon épouse, pétrifiée dans les décombres incandescents. Elle avait découvert un cadavre. La victime n'avait plus forme humaine. Le visage avait perdu sa mâchoire, le crâne avait explosé pour répandre une cervelle charbonneuse, les membres étaient recroquevillés comme des pattes effilées d'une araignée sur un abdomen carbonisé. Dans mon dos, une cloison s'effondra en soulevant un nuage de cendres et d'escarbilles. Un foyer se raviva pour mieux nous convaincre d'évacuer les lieux.

– Il faut prévenir les secours.

– Il n'y a plus rien à secourir, soulignai-je.

J'avais gardé les cahiers avec moi.

– C'est tout ce que j'ai trouvé.

Je scrutai les environs. Le reclus qui vivait ici jouissait d'un panorama exceptionnel entre un ciel bleu et une terre rouge, cerné par des mesas désertiques, des montagnes à pic, des canyons verdoyants et des lacs turquoise. Un potager irrigué par un puits était délimité par quatre arbres fruitiers. Un peu plus loin, un poulailler était ouvert.

Le moteur de la Dodge rompit le silence. Coup de klaxon.

– Tu sais où tu vas ? demandai-je après avoir atterri sur le siège passager.

– On va suivre les traces de pneus. On finira bien par tomber sur une route qui nous mènera quelque part.

2

Célébrée

Les empreintes de roues croisèrent enfin une route bitumée. Mon sens de l'orientation m'indiquait d'aller à droite. Nous virâmes donc à gauche. Le goudron moite remplaça le sol cahoteux. Je proposai de prendre le volant car mon épouse conduisait avec la vision d'un cadavre rabougri devant les yeux. Elle freina mais ce n'était pas pour que je la remplace. Un van stationnait sur le bord de la route.

– Enfin, quelqu'un ! s'écria-t-elle.

Elle s'arrêta à la hauteur du véhicule poussiéreux qui paraissait abandonné, baissa ma vitre et appela sans se soucier de mes tympans situés à quelques centimètres de ses cordes vocales. Un Stetson surgit de l'autre côté du van. Sous le chapeau, une vieille femme. La discussion s'engagea entre elles, avec moi au milieu.

– Nous cherchons à contacter la police. Il y a eu un incendie pas loin.

– Y a pas de réseau ici, nous informa la vieille.

– Vous savez où on est ?

– Au Nouveau-Mexique.

– Merci, mais quelle est la ville la plus proche ?

– Y a pas de ville proche.

– Comment fait-on alors ?

– À propos de quoi ?

– De l'incendie. Il faut prévenir les secours.

– Il y a des victimes ?

– Il y a un cadavre.

– Dieu ait son âme. C'est d'un prêtre ou d'un rabbin dont il a le plus besoin.

– Alors, la ville la plus proche ?

– Si vous roulez une trentaine de miles vers le sud, vous tomberez sur Fort Wingate.

À l'appui de son information, la vieille femme désigna la ligne d'horizon.

– Vous habitez le coin ? lui demandai-je

– J'ai un ranch du côté de Pescado. C'est plus loin que Fort Wingate. Cet incendie, c'était où ?

– Justement on ne sait pas trop.

– Vous vouliez dire quoi aux flics si vous ignorez où c'est ?

– On comptait les y conduire. Et leur remettre aussi ces cahiers qu'on a réussi à sauver.

– Des cahiers ?

– Ça ressemble à des journaux intimes. Il reste des pages lisibles.

– J'peux y jeter un œil ?

Nous nous garâmes quelques mètres plus loin avant de rejoindre la mamie au Stetson qui venait d'ajouter à sa panoplie une paire de Ray-Ban trop grande. Cheveux blancs tirés en arrière, visage ridé, peau tannée, accent bien prononcé, elle portait une chemise en flanelle, un jean élimé et des bottes crottées.

– Vous avez besoin d'aide ? lançai-je à tout hasard.

– Pour quoi faire ?

– Vous semblez être en panne.

– J'ai crevé.

– On va vous donner un coup de main, décida Coco malgré le contretemps.

– Pas la peine de vous déranger, dit la cow-girl.

– On ne va pas vous laisser comme ça, rétorquai-je.

Je m'appropriai la clef en croix dont elle s'était armée pour ôter la roue.

– Vous avez l'heure ? lui demanda ma femme, qui évaluait le moment précis où on atteindrait Fort Wingate.

– Non, j'ai le temps.

– Jolie réplique.

– Jolis yeux, dit la vieille en fixant le vert qui luisait dans le regard de ma chérie.

– Merci.

Je pesai en vain de tout mon poids pour dévisser l'écrou. La mamie expectora comme un cow-boy et se gaussa :

– T'es gentil tout plein, mon chou, mais t'es pas du genre à poser un pipeline ni à serrer un buffalo.

– Il faut savoir faire tout ça pour changer le pneu de votre van ?

– Faut des cals, répondit-elle en crachant cette fois dans ses mains.

Elle balança un coup de coude pour m'écarter et empoigna la croix. J'étais en train de perdre le contrôle de la situation.

– Vous êtes de quel coin ? demanda-t-elle en forçant.

– De France.

– J'ai connu un Français dans le temps. Il était marié et de mauvaise foi.

– Moi aussi je le suis.

– De mauvaise foi ?

– Marié.

– C'est bien ma chance.

Elle coiffa un autre écrou avec la croix, donna un coup de talon pour amorcer le dévissage et me tapa sur l'épaule :

– À toi, mon chou.

Mon entêtement vint à bout de tous les boulons. Pendant que je transpirais et que je glissais le cric sous le bas de caisse, la cow-girl alluma une cigarette qu'elle avait roulée elle-même. Coco lui montra les cahiers. La vieille coinça sa clope dans un coin de la bouche et en examina un de plus près. De la cendre de tabac tomba entre deux pages calcinées.

– Apparemment, c'est quelqu'un qui se répand en états d'âme, constata-t-elle. Avec ce que ça contient, on déduira l'identité de l'auteur. J'ai un beau-frère éloigné qui est adjoint du shérif de Pescado. Si vous voulez, je lui en touche un mot.

– Inutile, dit mon épouse en récupérant le carnet avant que la braise de tabac n'achève le travail de l'incendie.

– Comme vous voulez, mais moi, à votre place, je lirais ce qu'il y a écrit dedans avant de le donner aux flics et aux médias.

– Pourquoi ?

– C'est intime à première vue. Cela ne concerne que la personne qui l'a écrit et le Seigneur.

Nous étions tombés sur une de ces autochtones nées avec une Bible et un fusil, nourrissant une méfiance congénitale à l'égard des médias, des autorités et de l'État. Un personnage pittoresque à ajouter à la liste de nos rencontres non conventionnelles.

J'étais en train de poser la roue de secours lorsque Coco rapporta le Caméscope pour immortaliser cette nouvelle rencontre. J'avais encore le pneu dans les mains lorsqu'elle me filma tout en essayant d'intégrer la cow-girl dans le cadre. Cette dernière tourna la tête pour cracher sur un cactus.

– Je préférerais pas.

– En souvenir de notre rencontre, la pria mon épouse. Comment vous appelez-vous ?

Quand elle voulait quelque chose, elle ne lâchait pas jusqu'à ce qu'elle obtienne satisfaction.

– Gladys, répondit la vieille après quelques secondes d'hésitation.

– Joli prénom.

– Ce n'est pas le prénom qui compte, mais la façon dont le prononce votre mari dans le creux de votre oreille.

– En attendant, le mien ne se débrouille pas trop mal pour changer un pneu. Pouvez-vous lui passer la croix ?

Dos à l'objectif, la vieille me tendit l'outil. Je m'attaquai au revissage des écrous en prenant l'air le plus naturel possible, ce qui était ridicule puisque rien n'est moins naturel que de remplacer une roue de voiture.

– Serre bien, mon chou, conseilla Gladys. Je voudrais pas la perdre en chemin.

J'ai forcé comme un malade. Elle me donna un chiffon graisseux avec lequel j'étais censé m'essuyer les mains et me tapa amicalement sur l'épaule.

– Merci, mon chou.

– Il ne me reste plus qu'à poser un pipeline et à serrer un buffalo.

– Je peux vous prendre en photo tous les deux ? tenta Coco.

– Pourquoi ? s'étonna Gladys.

– Nous aimons garder le souvenir des personnes que l'on rencontre.

– Vous voulez un vrai souvenir tous les deux ?

– Oui.

Elle écrasa sa cigarette et déposa un baiser sur ma bouche. Puis elle marcha vers mon épouse et la serra tendrement dans ses bras.

– Voilà, dit-elle en rabattant son Stetson sur ses lunettes. Vous conserverez ainsi une bien meilleure image de moi.

Elle se baissa pour ranger sa croix et nous remercia une dernière fois, en nous préconisant néanmoins de ne pas être trop serviables dans la vie.

– Si vous êtes trop gentils avec les gens, ils vous piétineront à mort.

Nous allions remonter dans notre véhicule sur cet étrange aphorisme lorsqu'elle nous rappela.

– Faites ce que je vous dis ! Lisez ces carnets avant de les confier aux fouille-merde. Vous avez la route jusqu'à Fort Wingate pour les lire et décider quoi en faire.

Elle monta dans son van et s'éloigna dans les vapeurs de dioxyde de carbone et de chaleur, laissant derrière elle un chiffon sale et une étrange recommandation.

Je pris le volant. Coco ouvrit le cahier daté de 1999.

– L'auteur se raconte au présent, constata-t-elle. Comme s'il écrivait directement ce qu'il est en train de vivre... Il parle surtout de Marilyn Monroe...

J'enclenchai la position « drive » et lui demandai de lire à voix haute.

La première confession remontait au 28 octobre 1999 et commençait par ces mots : *Je n'en reviens pas ! Tout ça pour une robe !*

Extrait n° 1

28 octobre 1999

– Je n'en reviens pas. Tout ça pour une robe !

En répétant le montant de l'enchère qui a enflammé Christie's, mes lèvres se rident un peu plus :

– 1 262 000 dollars.

Je saisis la télécommande de la télévision et élimine d'un rayon infrarouge le commentateur émoustillé par le sujet ou plutôt l'objet, cousu sur Marilyn, une robe fourreau en gaze de soie rose parsemée de strass et de stress.

L'extinction soudaine du poste permet de renouer avec le silence de la nature et les battements irréguliers de mon cœur. La robe provocante chamboule mes synapses et déclenche des analepses. Le passé déboule en vrac dans mon cerveau usé. Je revois ces flashes crépitant sur les perles qu'on aurait dites incrustées sur la peau de Marilyn, ce coït avec le président des États-Unis qu'elle a mimé en plein gala démocrate sous le regard de la planète entière, ce sourire de JFK déconcerté par un tel assaut de sexualité.

– Quelle robe ! Quel souvenir !

Au lieu de continuer à m'exclamer et à dialoguer dans le vide, ce qui je l'avoue est un passe-temps qui ne s'arrange pas avec l'âge, j'ai pris mon cahier et mon stylo. Cela fait moins de bruit et cela ne réveillera personne.

Tout est encore clair dans ma mémoire malgré les trente-sept ans qui me séparent de l'événement. Marilyn était obnubilée par le gala démocrate organisé au Madison Square Garden pour fêter les 45 ans de John Fitzgerald Kennedy. Elle voulait en être. Elle en sera. Elle en avait le pouvoir. Dont celui d'abandonner le tournage de *Quelque chose doit craquer* au titre prémonitoire à maints égards et de faire fi de la Fox qui a trouvé là le prétexte de la renvoyer et de la poursuivre en réclamant 500 000 dollars de dommages et intérêts. S'il y avait une seule personne qui devait être présente ce jour-là au gala, c'était elle. Plus que Jackie Kennedy, qui n'est finalement pas venue.

Face au jeune souverain, Marilyn voulait apparaître nue. Les déesses ne portent pas de robe de cocktail. Mais débouler sans vêtements devant le Président et ses sujets était impensable car la cour délurée de l'Amérique vendait le puritanisme au peuple corseté. Il a fallu donc couvrir la chair, si chère aux photographes et aux cinéastes. J'ai cherché le magicien capable de la draper sans rien cacher. Jean Louis[1] s'est chargé de la mission. Il était le créateur de la robe de Rita Hayworth dans *Gilda*. La référence ! Je lui ai commandé un modèle que personne n'oserait porter à part

1. Jean-Louis Berthault, dit Jean Louis, créateur de costumes français célèbre à Hollywood.

Marilyn. Jean Louis a réalisé un miracle. La soie qu'il a taillée était si fine qu'on ne la voyait pas. Dix-huit couturières ont œuvré sur la robe pendant une semaine. Elle épousait si bien les formes de Marilyn, telle une seconde peau, qu'elle ne pouvait être enfilée. La soie et 6 000 pierres scintillantes ont été coulées comme du bronze en fusion sur la star intégralement nue et soigneusement épilée. Une armée de petites mains a cousu l'étoffe invisible sur le moulage de chair lisse modelé dans la glaise divine. Il a fallu superposer 20 couches de soie sur ses seins et sur son sexe pour opacifier la transparence sur sa féminité.

Une œuvre d'art vivante !

La robe a coûté 12 000 dollars à l'époque. Aujourd'hui, elle coûterait dix fois plus cher. Portée par Marilyn, elle en vaut cent fois plus.

Trente-six ans avant la robe bleue de Monica Lewinsky, celle de Marilyn Monroe est entrée dans l'histoire de la démocratie sous influence.

Donnez une robe à une fille et elle conquerra le monde !

Il était prévu que Marilyn monte sur scène à la fin du show d'anniversaire. Richard Adler, l'organisateur de la soirée, lui a demandé de personnaliser son *Happy birthday* destiné au Président. Il allait être servi ! Lors des répétitions, la version sulfureuse de la star a pétrifié Adler et Hank[1], qui devait l'accompagner au piano. La chanson virait à la *lap dance*. Impossible d'oublier l'échange surréaliste entre elle et

1. Hank Jones, pianiste de jazz.

Adler, qui n'était pas au courant de sa liaison avec le Président.

– Vous savez que vous serez face au président des États-Unis ? a-t-il rappelé.

– Face à Jack[1] il serait préférable de chanter *Try a little tenderness.*

– Quoi ?

Elle s'est contractée sur un micro imaginaire, a fermé les yeux et gazouillé :

I may be weary

Reconnaissant la chanson interprétée par Little Miss Cornshucks, Hank a aussitôt posé ses doigts sur les touches du piano.

Women do get weary
Wearing the same shabby dress
But while I'm weary
Try a little tenderness

I may be waiting
Just anticipating
Things I may never possess

Oh, but while I'm waiting
Try a little tenderness

1. John Fitzgerald Kennedy était surnommé « Jack » par ses proches.

I may be sentimental
I had my grieves and my cares

But a word soft and gentle
Made it easier to bear

I may forget it
Don't let me forget it
That's all my whole happiness
Oh it's so easy
Try a little tenderness

Elle s'est arrêtée net pour lancer à Adler, ébahi :

– Ce n'est qu'un anniversaire après tout. Allons-y pour *Happy birthday* !

Nous avons assisté ce jour-là à l'interprétation déchirante et unique de *Try a little tenderness* par Marilyn.

Encore sous l'envoûtement, Adler a essayé de reprendre les choses en main :

– Certes, mais votre version de *Happy birthday* n'est-elle pas un peu trop provocatrice et... sexy ?

– Offrir à une personne quelque chose qu'elle n'a pas, n'est-ce pas ce qui fait la valeur du cadeau ?

– De quoi parlez-vous ?

– Si je me présente en *first lady* guindée et sérieuse comme un pape, Jack a déjà ça à la maison.

Affolé, Adler a prévenu le Président du risque de dérapage. Il paraît que Kennedy lui aurait répondu de ne pas s'inquiéter. Le cadeau était incontrôlable et il valait mieux laisser Marilyn aller jusqu'au bout.

L'affaire est parvenue aux oreilles de Jackie, qui a jugé préférable de ne pas rivaliser. Tu parles ! La comparaison de leurs prestations sur scène comme dans un lit était en sa défaveur. Jackie ne se rendrait donc pas au gala. Elle passerait le week-end à la résidence de campagne avec ses enfants, auxquels il n'était pas question d'infliger un tel spectacle.

Et quel spectacle !

J'en revenais pas moi-même le jour J lorsqu'on a dû faire appel à deux employés pour la porter dans les coulisses. Elle était serrée comme une Néfertiti dans des bandelettes de soie et plus fragile qu'un vase Ming ! Incapable de marcher dans le fourreau cristallin qui avait fondu sur sa peau de nacre. On se demandait tous comment elle allait parvenir jusqu'au micro.

Sur scène, Peter Lawford, le beau-frère du Président, en perdait son latin à force d'annoncer celle « qu'on ne présentait plus » et qui demeurait aussi invisible que sa robe. Le beauf ne se doutait pas de ce qui se tramait en coulisses. Lorsque Marilyn s'était enfin avancée derrière le rideau, la robe avait craqué. Branle-bas de combat sous le regard des techniciens éberlués qui ont constaté qu'elle ne portait rien en dessous. On l'a raccompagnée en catastrophe à sa loge pour un raccommodage de fortune. Dans la salle, les 15 000 démocrates s'impatientaient. Dans son rôle de maître de cérémonie, Lawford meublait, sa spécialité avec celle d'entremetteur. Marilyn était en retard, sa spécialité à elle. Tout paraissait donc normal. En réalité, on recousait la soie sur sa peau pendant qu'elle vidait les coupes de champagne et les boîtes de cachets afin d'engourdir sa nervosité accrue par l'incident technique. La tension montait aussi dans la salle du Madison Square Garden. Lawford, excédé, a annoncé la star pour la énième fois avec ces mots : *« Mister President, the late Marilyn Monroe*[1] *! »* Elle est apparue enfin dans la lumière comme un miracle. Unique. Elle a trottiné comme une geisha, à petits pas rapides, emmaillotée dans sa transparence, ivre, joyeuse, lascive, sulfureuse, pétillante, vacillante. Tout cela en même temps ! Elle s'est arrimée au pupitre, a fait glisser son étole d'hermine dans les bras d'un Lawford devenant à son tour invisible, a décoché une pichenette désinvolte dans le micro pour en vérifier le fonctionnement et mis ses mains en visière pour cerner l'audience cachée par les projecteurs. Chaque geste était d'une féminité absolue, d'un sex-appeal millimétré, breveté Marilyn.

Devant elle, les spectateurs en liesse trépignaient, criaient, sifflaient, applaudissaient. Pour la première fois de sa vie, la foule lui a fait peur. La blonde incendiaire bourrée d'alcool et de tranquillisants avait mis le feu à la salle avant d'avoir prononcé le premier mot. Elle a lâché un soupir et susurré un *« Happy birthday Mister President »* aux syllabes entrecoupées. Inimitable.

Happy… birth… day… to yooootu

1. *« The late Marilyn Monroe »* est un mauvais jeu de mots signifiant « Marilyn Monroe en retard » mais aussi « La regrettée Marilyn Monroe ».

Toute la tendresse du monde dans un élan orgasmique.

Thanks... Mister President
For all the things you've done
The battles that you've won
The way you deal with US Steel
And our problems by the ton
We thank you... so much

Après avoir sensuellement caressé ses hanches et sa poitrine, elle s'est mise à sautiller pour inviter le public à l'accompagner.

Everybody ! Happy birthday !

Malgré l'adrénaline, le champagne et les barbituriques, elle a aligné les deux couplets sans aucune fausse note. Sa chair irradiait. « *The flesh impact* », comme disait Billy Wilder. Pour lui, Marilyn était dotée de cette faculté extraordinaire de créer un rapport charnel avec son public.

Les deux minutes de performance qu'elle a assurées au Madison Square Garden ont été dignes d'un Oscar.

Pendant qu'elle ouvrait son cœur en direct, sa robe s'est déchirée à nouveau sur son corps en fusion. La reprise effectuée dans l'urgence n'a pas tenu sur la chute de reins vertigineuse. En retrait derrière elle, Lawford en a perdu les yeux. À ses pieds, le public en délire était debout. Elle avait réveillé la salle assoupie par un spectacle de gala soporifique.

Mais ce n'était pas la foule que Marilyn vampait. C'était l'homme en smoking, l'enfant gâté de l'Amérique, flanqué de sa clique de politicards et de sa fratrie aux dents longues, qui la fixait de la tribune présidentielle, fumant le cigare, les pieds posés sur la balustrade. L'heure était au face-à-face entre un Président et une actrice, entre la politique et le sexe, entre le pouvoir et la folie, entre la bienséance et l'indécence, entre les institutions et la fronde. L'aura du Président autocélébré était éclaboussée par celle de la star venue confirmer entre les lignes de sa chanson la rumeur de leur liaison tout en administrant une leçon au coureur de jupons. Une femme n'est pas une potiche, même si elle est fragile. Une femme n'est pas quelqu'un que l'on siffle pour apaiser la libido, même celle d'un Président ! Marilyn imposait à un monde formaté par les hommes le pouvoir de la femme. Et canonisait la troisième chose qui menait l'Amérique avec la volonté de pouvoir et l'argent : le sexe !

On était le 19 mai 1962.

Adlai Stevenson, l'ancien chef du Parti démocrate, aurait déclaré que jamais il n'avait vu une femme aussi belle que Marilyn ce soir-là. Le correspondant de *Time Magazine* a célébré la beauté féminine. On m'a aussi rapporté la réaction de John Kennedy. Il a coincé son cigare cubain dans un étrange sourire pour applaudir. Un sourire aux dents blanches à la fois libidineux et carnassier soulignant un regard qui mêlait la fascination et le machiavélisme. Professionnel de la politique, il a effacé très vite cette palette d'émotions pour fanfaronner auprès de sa clique avec des blagues salaces sur « le cul » de Marilyn. Monté sur scène à son tour pour prononcer un discours, il a déclaré qu'il pouvait se retirer de la vie politique maintenant qu'on lui avait chanté un *Happy birthday* d'une façon aussi tendre. Mais derrière la boutade, son entourage savait que Marilyn avait touché sa cible. Leur union était déclarée. Le Président allait devoir choisir et prendre une décision. Elle ne tarderait pas à tomber.

Je repousse l'assaut des souvenirs en me concentrant sur le présent. Essayer de prendre de la distance comme elle l'a fait. Je décide de trinquer sans elle à l'événement en choquant contre l'écran noir une coupe d'eau gazeuse. Certes, les bulles de Perrier ne valent pas celles d'un Dom Pérignon.

Je plie mes lunettes, fais claquer l'étui feutré, bâille bruyamment, j'expectore, je me lève, j'émets une flatulence.

La solitude se moque de la bienséance.

Mais est-ce vraiment de la solitude ? Car l'autre est toujours là bien que je ne communique pas avec elle. Elle ne parle plus, même à moi. Son âme tourmentée réclame pourtant la confession. L'épanchement fait du bien. Elle le sait car elle en usait elle aussi autrefois. Dans mon journal, il n'y a que deux personnes, la première et la troisième. Pas la deuxième, qui sert au dialogue. Les échanges entre nous se sont taris. Depuis longtemps, je ne parle plus au « monstre ».

Le plancher craque sous mes pieds nus. Ma démarche un peu raidie par l'arthrose me guide jusqu'à la véranda. Je plonge mes yeux myopes dans le soleil couchant et hume un parfum d'éternité face au désert. Le vent du canyon fait flotter sur mon front une mèche de cheveux blancs. La beauté du paysage me donne envie d'écrire un poème et de m'adresser au ciel.

Je suis un ange à une aile
Une aile qui luit
Une elle sans lui
Condamné à tourner en rond
Avant de tomber au fond
D'un océan de fiel

Marilyn aussi écrivait de la poésie. Malgré son sens du verbe et de la repartie, malgré son immersion dans le milieu littéraire américain et sa fréquentation de Tennessee Williams, Truman Capote, Carson McCullers, Edith Sitwell ou Carl Sandburg, personne ne l'a prise au sérieux. Trop sexy pour jouer les poétesses. Trop féminine pour être intelligente dans un monde d'hommes. Pourtant la création ne naît-elle pas de la souffrance, des traumatismes, de la solitude et de la folie qu'elle a si bien connus ? N'est-elle donc bonne qu'à illustrer des tasses et des calendriers ?

Je m'abstiens de trop y penser pour ne pas frayer avec des démons que la vente d'une vieille robe a réveillés.

Difficile d'effacer une vie passée dans l'ombre de Marilyn.

Difficile d'être amnésique quand on a fréquenté les maîtres du monde.

Je plaque mes mains noueuses dans mon dos et songe à sa chute de reins qui a fait tourner des millions de têtes. « 97-62-92 », c'est ce que Marilyn avait suggéré en guise d'épitaphe. Trois nombres au lieu des deux qui ont finalement été inscrits dans le marbre : 1926-1962.

Un aigle plane sur le panorama qui perd ses couleurs dans un lent fondu au noir.

J'hésite.

Vaquer à l'ordinaire pour ne pas penser ou s'asseoir sur la balancelle, au risque de me laisser gangrener par une mémoire maligne ?

Un chien de prairie bourré de puces se faufile entre des poteries hopis piquées de cactées pour échapper à la vue du rapace rôdeur. Je cherche à amadouer le petit rongeur qui préfère détaler dans la maison. La scène m'évoque un épisode de son premier mariage. Marilyn n'avait que 16 ans et le choix entre se trouver un époux et retourner à l'orphelinat. Elle a donné sa main à James Dougherty. « Trop belle pour lui », disait sa sœur Elyda. Pauvre James. Elle était la pire des épouses, jalousée par les femmes, reluquée par les hommes, incapable d'aligner trois mots sans bégayer, de tenir une maison correctement ou de servir un café. Une vraie handicapée du foyer modèle ! Le jour de ses noces, elle a fait entrer une vache dans sa cuisine pour la protéger de la pluie. Elle aimait les bêtes. À l'instar de Brigitte Bardot, cette autre incarnation du génie érotique.

La fraîcheur m'incite à retourner à l'intérieur.

J'aurais bien téléphoné à quelqu'un, mais je n'ai pas d'ami à qui parler et ma fille a suffisamment pâti de mes tourments existentiels. Je ne dispose pour m'épancher que d'une vieille compagne renfermée. La résignation et l'habitude m'ont appris à supporter cette situation. Écrire compense ce manque. Je ne le fais pour personne d'autre que moi. C'est la fonction d'un journal intime. Se parler à soi-même, prêter attention aux choses, fixer les souvenirs, penser, ne pas sombrer dans le néant. Marilyn avait l'habitude d'archiver dans ses carnets des faits d'importance nationale pour mieux les appréhender. Moi je tiens la comptabilité des actes d'un quotidien dérisoire pour leur donner un sens et en tirer une raison de vivre. J'écris au présent pour ne pas m'enfermer dans un passé mortifère.

Le désœuvrement me pousse vers la chambre. Je me glisse discrètement à l'intérieur en retenant ma respiration pour ne pas réveiller le « monstre ». Ma progression dans la pénombre déclenche une salve de sons secs articulaires. Je me fige pour retrouver le silence et me baisse au ralenti devant une commode couverte de poupées kachinas. Le tiroir du bas résiste un peu. Je retire la lingerie qu'elle ne porte plus, j'enfonce mes ongles dans les jointures et je soulève le fond. Je connais cet endroit par cœur pour y avoir souvent posé les mains. Le contreplaqué cache un tapis de carnets rouges. Dans ces journaux intimes, il y a tout. Des faits surtout et des digressions que je me plais à qualifier de velléités lyriques, de confessions cathartiques, de volutes dépressives.

Mes doigts s'arrêtent sur le plus corné. Je le prends et sors de la pièce sans bruit. Je gagne le salon et me laisse choir sur le canapé. J'ouvre le carnet sur l'année 1962, qui a sonné le glas de l'existence de Marilyn. Une existence qui pourrait se résumer à des chiffres : 11 familles d'accueil, 2 viols, 3 mariages ratés, 3 fausses couches, 2 tentatives de suicide, 2 internements en asile psychiatrique, au moins 15 identités différentes et 11 films avec son nom en tête d'affiche.

Je tourne les pages compromettantes pour lesquelles on aurait payé des fortunes. Elles contiennent les propres notes de Marilyn sur ses conversations avec les maîtres du monde et des confidences recueillies jusque sur l'oreiller. Complexée de n'être qu'une actrice blonde au milieu des puissants, elle écrivait pour apprendre, comprendre, retenir et être capable de dialoguer avec eux. Tous les sujets étaient abordés, ses relations avec Ralph Greenson[1], les liens des Kennedy avec la mafia qui les avait portés au pouvoir, leur projet d'utiliser le Syndicat du crime pour assassiner Fidel Castro, les essais nucléaires américains, les liens de Sinatra avec la pègre, les efforts de Robert Kennedy pour inculper Jimmy Hoffa[2] ou pour convaincre son frère de retirer la couverture aérienne lors du désastre de la baie des Cochons au détriment de l'opération menée par la CIA... Des notes qui avaient fait de Marilyn Monroe la femme la plus dangereuse du monde.

Mes yeux se posent sur la date du 5 août 1962. La nuit où elle est morte. Le passé remonte à la surface. Je referme le carnet rouge comme une boîte de Pandore. Trop tard. Les maux sont déjà ressortis.

1. L'un des psychiatres de Marilyn Monroe à partir de 1960.
2. Patron du syndicat des camionneurs américains lié à la mafia.

3

Morte

– La suite ? demandai-je en tournant la tête vers mon épouse.

– Plusieurs pages ont été arrachées.

– Quel art du *cliffhanger* !

– Il ne subsiste qu'un bout de la feuille... avec trois mots dessus : *pas ses règles.*

– Pas ses règles ?

– Oui, « elle n'avait pas ses règles » mais dans le sens de « menstruation ». Après on passe au 22 novembre 1999.

– On ignore toujours l'identité de celui qui a écrit ça, déplorai-je.

– Il s'agit de quelqu'un qui a côtoyé Marilyn Monroe et qui en sait long sur elle.

– Apparemment, il détient ses carnets et connaît ses secrets.

– C'est lui qui a choisi le créateur de la robe de Marilyn pour l'anniversaire de Kennedy.

– Il qualifie aussi sa femme ou sa compagne de monstre.

– Tu crois qu'il l'a tuée ? s'exclama soudain Coco.

– Tu dis ça à cause du cadavre ?

– La liste des suspects n'est pas très longue.

– Obsédé par le souvenir de Marilyn Monroe, il tue sa femme. Ça ferait un beau titre de magazine de faits divers.

– Que sait-on de plus sur lui ?

– Il vit en reclus, répondis-je.

– Il décrit ce qu'il fait, c'est-à-dire pas grand-chose, et existe surtout à travers le souvenir de Marilyn Monroe.

– Ce type fait une fixation.

– À la place de sa femme, je l'aurais largué avec sa fixation.

– Elle n'avait peut-être pas le choix. Peut-être que le couple se planquait ici pour se cacher.

– Il faut en lire plus.

– Vas-y, je t'écoute.

– D'accord mais roule moins vite.

– Je roule à deux à l'heure ! Je m'arrête si tu veux.

– Non, il y a la clim.

Un Indien se matérialisa soudain dans le paysage à une centaine de mètres devant nous. Il attendait sur le bas-côté.

– Prends-le.

Je freinai à sa hauteur. Ma femme baissa la vitre.

– Où allez-vous ? demanda-t-elle.

– L'avenir me le dira.

– On vous dépose quand même quelque part ?

– Je suis arrivé. Merci.

– Excusez-nous, lui lançai-je, on croyait que vous faisiez du stop.

– Toutes les choses sont un cercle.

– Pardon ?

– On revient toujours au point de départ.

– Est-ce que vous connaissez les gens qui habitent la ferme de l'autre côté des deux collines ? lui demanda Coco, lasse de ses réponses absconses.

L'Indien regarda dans la direction qu'elle lui indiquait.

– Je connais la ferme, mais pas ceux qui l'habitent.

– Elle vient de brûler. Une personne est morte.

– Cette personne est retournée à la terre. C'est de là que nous venons tous.

– Il faudrait prévenir les autorités, non ? Pour savoir ce qui s'est passé.

– Ce qui s'est passé, c'est une vie. Un souffle dans le vent, une ombre qui se perd au coucher du soleil.

– On est loin de Fort Wingate ?

– Si vous êtes pressés, oui.

– Combien de miles ?

– Comptez-en une vingtaine.

– Merci, bonne journée.

Je redémarrai sans m'attarder plus longtemps.

– On aurait dû l'ajouter à notre collection de photos, regretta Coco avant de reprendre la lecture du cahier.

Extrait n° 2

22 novembre 1999

Je reprends peu à peu conscience du monde réel à travers le réveil de mes sens. Le toucher de la couverture glacée, l'odeur enivrante du cocktail d'encre, de papier et de colle, le glissement de mes doigts sur les pages, la lumière de la lampe qui m'isole des ténèbres. C'est à chaque fois pareil quand je termine une lecture.

Je referme *The Assassination of Marilyn Monroe*, de Donald Wolfe. Sam me l'a apporté la semaine dernière. Billy [1] avait raison quand il disait qu'il existait plus de livres sur Marilyn que sur la Seconde Guerre mondiale. Il soulignait aussi l'analogie entre les deux : « C'était l'enfer, mais cela en valait la peine. »

The Assassination of Marilyn Monroe est paru en août. En affirmant que Marilyn Monroe a été « suicidée » par les Kennedy, Wolfe est celui qui s'est le plus approché de la

1. Billy Wilder, réalisateur de deux films avec Marilyn : *Sept ans de réflexion* et *Certains l'aiment chaud.*

vérité. À une nuance près que personne n'a osé imaginer, pas même lui : Marilyn a été suicidée à sa demande.

La vente le mois dernier de la robe en soie transparente du Madison Square Garden, l'exhumation du carnet pourpre et maintenant ce livre attisent en moi la braise qui rougeoie depuis toutes ces années. On dit qu'il est bon de mettre des mots sur un traumatisme qui nous ronge. Je dois essayer.

Je fais machinalement cliquer le stylo à bille comme un détonateur qui ne se déclencherait pas. Finalement, l'explosion a lieu. La pointe se pose sur la feuille vierge de ce cahier et ravage le vélin.

Ma confession jaillit comme le pus d'un furoncle que l'on crève.

À cette époque, Marilyn ne comptait plus que des ennemis. La pègre voulait l'empêcher de divulguer ce qu'elle savait sur les connivences entre l'Outfit[1] et les hautes instances du pays, et Dieu sait qu'il y avait de quoi dire ! La Maison Blanche et la CIA la jugeaient bien trop voyante pour détenir des secrets d'État. Le FBI préférait fourrer son nez dans ses affaires de cœur. Du côté de la Fox, on la poursuivait pour son insoumission. À sa décharge, je rappelle qu'un réalisateur inapte à être inspiré par une femme la dirigeait sur *Quelque chose doit craquer* et que son

1. The Outfit est le nom donné à la famille du crime organisé de Chicago dont les activités s'étendaient à d'autres territoires comme le Nevada, la Floride, le Wisconsin et la Californie, où l'organisation avait pris le contrôle des studios de Hollywood. Al Capone en a été le parrain le plus célèbre, de 1925 à 1932. Sam Giancana l'a été de 1957 à 1966.

troisième mari, cruellement imbu de sa personne, s'était servi d'elle pour vendre à Hollywood un manuscrit insipide. Ce connard était pire que son précédent mari qui la harcelait pour qu'elle revienne. Il y avait aussi ce Sinatra, qui ne supportait pas qu'elle soit une plus grande star que lui. Et là, je n'ai pas encore cité tous les psychiatres, les médecins et les coaches qui la manipulaient en lorgnant son héritage, les fans hystériques et les psychopathes qui voulaient la kidnapper, la violer ou juste la tuer pour devenir aussi célèbres qu'elle.

Pauvre Marilyn ! Parvenue au sommet du pouvoir, elle ne faisait qu'en relater les codes et les pratiques dans des carnets afin de s'initier au langage et aux arcanes des maîtres du monde. Seule femme dans cette caste façonnée pour les mâles, elle gênait. Tout s'est ligué contre elle, y compris elle-même, ajoutant l'alcool, les narcotiques et la dépression à la liste des ennemis. Aspirant à aimer et à être aimée, elle s'était trop exposée, à l'opposé d'une Garbo planquée derrière des verres fumés et une bonne dose de froideur. Les illusions se sont envolées mais les écrits sont restés. S'ils tombaient entre les mains de la presse, c'en était fini de la dynastie Kennedy, de Hollywood, d'Arthur Miller, de Ralph Greenson, de la CIA, de la mafia, de Sinatra et de tout le tralala. Bon sang, on avait le doigt sur le bouton rouge ! Marilyn aurait pu exterminer tout un pan de la glorieuse histoire américaine. On comprend que ses carnets attisaient à ce point les convoitises et engendraient les intimidations. Celle de son dernier week-end au Cal Neva Lodge a été la plus terrible. Les jours qui ont suivi le drame,

Marilyn a vécu dans la peur. Une peur qui s'ajoutait à l'angoisse de ses nuits blanches.

Je me souviendrai toujours de la conversation que nous avons eue la fois où elle s'est réveillée heureuse. Un moment rare. Elle s'est assise dans le lit, a fixé son reflet fatigué dans la psyché et m'a raconté son rêve.

– J'étais née dans une famille normale. Avec un papa et une maman. J'avais fait des études pour devenir une employée modèle dans une grande société à Manhattan. Je portais un tailleur Dior « New Look ». J'étais mariée avec un gentil mari qui m'aimait et m'avait fait deux enfants adorables.

– Tu es devenue plus que ça, Marilyn, lui ai-je dit. Tu es devenue le fantasme du gentil mari et l'idole des familles normales.

– Une idole n'est pas heureuse.

– Il ne tient qu'à toi de ne plus être cette idole.

– Je n'ai jamais su être heureuse car je suis trop consciente de ce qu'est la réalité. Il faut croire aux mensonges et à l'illusion pour être heureuse. Et l'illusion, je sais très bien ce que c'est pour en être une moi-même.

Je crois que c'est ce jour-là que je lui ai suggéré l'option la plus radicale pour accéder à une vie meilleure ou au moins à une vie qui ne se terminerait pas par un suicide ou un assassinat.

Il fallait qu'elle disparaisse.

Mais quand on est la femme la plus célèbre de la planète, il ne suffit pas de faire sa valise et de changer d'identité pour tout recommencer de zéro. Le meilleur moyen de s'assurer que personne ne se lancerait sur ses traces était de convaincre tout le monde qu'elle était morte. Morte de sa propre volonté afin d'éviter que l'on ne cherchât un coupable. Les psychiatres qui la cataloguaient suicidaire s'accorderaient à confirmer que l'issue était fatale. Exploiter cette piste se révélait donc judicieux.

L'idée a lentement fait son chemin dans l'esprit de Marilyn.

Malgré la menace qui pesait sur ses épaules, elle hésitait à fuir.

– Si j'ai autant d'ennemis importants, cela prouve que je suis quelqu'un d'important, a-t-elle argué.

– Quelqu'un d'important qui risque sa peau, lui ai-je rappelé.

– Quand j'étais enfant, personne ne s'intéressait à moi.

– Commence par t'intéresser à toi.

Une nuit arrosée de gin et rythmée par Aretha Franklin a été nécessaire pour la convaincre.

You better think
Think about what you're trying to do to me
Think
Let your mind go
Let yourself go free

À l'aube, c'est ivres et optimistes que nous avons entériné la décision. Nous avons joyeusement programmé la « fin » de Marilyn. Ce qui se passera plus tard au Cal Neva Lodge et qu'il m'est impossible de mettre par écrit la confortera dans ce choix. Mais pas seulement ça.

Tuer Marilyn signifiait pour elle bien plus que d'en terminer avec une existence tourmentée. Elle avait toujours rêvé d'être désirée et y était parvenue. Morte, elle le serait encore plus. Combien de gens allaient aimer pleurer la disparition de la plus belle femme du monde, à l'apogée de sa gloire ! Marilyn trouvait cet acte ultime très créatif et poétique. On se souviendrait plus d'elle à travers sa mort qu'à travers sa vie. Le décès prématuré de James Dean avait créé un mythe. Un accident de voiture avait propulsé ce jeune acteur au panthéon du cinéma américain et l'avait gratifié de deux nominations à l'Oscar à titre posthume ! Ce serait pareil pour elle. Le fantasme que les gens nourrissaient à son égard serait plus fort puisqu'on ne pourrait plus l'avoir. Symbole sexuel absolu, elle allait associer la grande mort à la petite mort et transformer le symbole en icône.

Pour parvenir à son objectif, elle s'est entourée de complices. L'idée géniale a été de les choisir parmi ses ennemis. Grâce aux carnets, Marilyn avait les moyens de les impliquer. Et en les impliquant, elle les tenait davantage.

Elle a appelé la Maison Blanche. Sa bête noire, la standardiste obtuse qu'elle imaginait dotée d'énormes écouteurs et d'un hideux chignon crêpé, a refusé comme d'habitude de lui passer le Président. Marilyn a menacé de convoquer la presse pour montrer à tous qui étaient vraiment les Kennedy. L'expression qu'elle a employée au téléphone résonne encore dans mon oreille : « Le vernis des Kennedy va craquer ! » On lui a passé le Président. Il lui a fixé un rendez-vous chez l'incontournable Peter Lawford. La présence de Robert fut également requise.

Jack a presque tout de suite accepté notre plan. La prestation explosive d'une blonde atomique au Madison Square Garden quelques semaines plus tôt devant ses milliers d'invités et 40 millions de téléspectateurs avait préparé le Président à accepter l'idée de s'en débarrasser. Du moment qu'il n'entendait plus parler d'elle, ce Ponce Pilate de l'empire américain, comme elle le surnommera par la suite, s'en lavait les mains. Bobby en revanche a renâclé. Pas question selon lui de simuler le suicide d'une star comme Marilyn. Les risques étaient trop grands. Tous les projecteurs seraient braqués sur son entourage. On fouillerait la vie privée de la victime et on découvrirait sa liaison avec les deux frangins. Pour le faire changer d'avis, Marilyn a évoqué ses carnets et menacé de livrer aux médias ses confessions. « Le nom des Kennedy deviendra synonyme de Corleone », a-t-elle lancé à la face de Bobby. Ce dernier serait ridiculisé dans son rôle de ministre de la Justice anti-mafia. Il a plié et accepté à contrecœur de coopérer.

Marilyn a mis au point un plan à la mesure d'un esprit bouillonnant brouillé par l'alcool et dopé aux amphétamines. Il reposait sur une substitution de corps. Je trouvai l'idée irrationnelle. Cela nécessitait d'avoir sous la main le cadavre d'une blonde que personne ne viendrait pleurer et que l'on ferait passer pour celui de Marilyn.

– Ce ne sont pas les paumées qui manquent à la morgue de Los Angeles, a-t-elle argué.

– Comment peux-tu imaginer une seconde qu'on puisse te confondre avec une autre ? ai-je objecté.

– Personne ne sait à quoi ressemble Marilyn quand elle n'a pas quatre heures de maquillage, pas de robe et qu'elle est morte.

– Et ta fausse Marilyn, elle aura une cicatrice à l'abdomen aussi ?

– Qui se souvient que j'ai été opérée de la vésicule biliaire ? Même moi j'ai oublié.

J'ai fini par reconnaître qu'avec la complicité d'un Président et d'un ministre de la Justice n'importe quel crime, même le plus extravagant, pouvait être parfait.

L'opération serait déclenchée le jour où les pompes funèbres de Westwood Village recevraient un cadavre exploitable. Marilyn simulerait alors un suicide chez elle dans son hacienda de Brentwood. Sa domestique ne manquerait pas d'appeler le docteur Greenson, qui résidait à proximité. Le psy tenterait une réanimation bidon et ferait venir le docteur Engelberg, qui confirmerait le décès comme convenu. Marilyn serait transportée dans une ambulance aux pompes funèbres de Westwood sans passer par la morgue. On embaumerait alors le cadavre anonyme avant la mise en bière pendant que Marilyn roulerait en direction d'une planque mise à sa disposition par les Kennedy. De là, elle commencerait une autre vie.

Nous avons contraint Ralph Greenson à collaborer en menaçant de dénoncer la relation antidéontologique qu'il entretenait avec Marilyn. Il y avait de quoi ruiner sa carrière et l'envoyer en prison. Nous l'avons également obligé à obtenir la complicité de son collègue et ami Hyman Engelberg, qui fournissait Marilyn en barbituriques. Quelle satisfaction cela a été de voir ces deux manipulateurs manipulés !

Comme l'avait présumé Marilyn, le jour que l'on attendait secrètement a fini par arriver. Le matin du samedi 4 août, les pompes funèbres de Westwood Village ont reçu le corps d'une femme décédée sous X. Je n'ai jamais cherché à en savoir plus sur cette inconnue. Probablement une pauvre fille en quête de gloire, victime parmi d'autres du broyeur hollywoodien, mafieux et capitaliste. Marilyn a été prévenue par le croque-mort qui était dans le coup. L'opération pouvait commencer.

Contrairement à ce qui était prévu, Bobby et Lawford ont subitement rappliqué à Los Angeles. On les a vus se poser en hélicoptère à la Fox et s'engouffrer dans une limousine anthracite. Entre 15 heures et 16 heures, ils ont fait irruption chez Marilyn. Les employés Eunice Murray et son gendre Norman Jefferies ont été priés d'aller faire des courses au supermarché. Bobby était comme fou. Il voulait les carnets avant d'aller plus loin dans la mascarade que nous nous apprêtions à jouer. Marilyn a refusé. Elle ne lui accordait aucune confiance. Il s'est emporté, a menacé de tout saborder. Il l'a insultée, giflée, frappée. Sous les coups de poing, elle a reculé jusqu'à un guéridon couvert de courrier, empoigné un coupe-papier qu'elle a brandi par réflexe sous le nez de Bobby. Ce n'était pas la première fois qu'on la battait, elle était même habituée à encaisser. Mais c'était la première fois qu'elle menaçait quelqu'un avec une arme blanche. Et ce quelqu'un, en plus, était le ministre de la Justice ! Elle a fait des moulinets avec son couteau dérisoire. Tout s'était passé très vite et c'est seulement à ce moment-là que j'ai réalisé la gravité de la situation. J'ai tenté de raisonner Marilyn pendant que Lawford s'interposait et maîtrisait Bobby. Nous ne le savions pas encore mais cette violente altercation a été entendue par des oreilles indiscrètes. J'apprendrai plus tard que des micros avaient été placés dans l'hacienda, certains par le FBI qui voulait savoir ce que Marilyn savait sur la mafia, d'autres par la mafia qui voulait savoir ce que Marilyn savait sur le FBI, d'autres pour le compte de Jimmy Hoffa qui cherchait à compromettre les Kennedy. Même Peter Lawford mettait les siens pour espionner ses beaux-frères et leurs frasques extraconjugales avec des célébrités hollywoodiennes.

La menace de Bobby est gravée sur des bandes magnétiques et dans mon esprit, comme si c'était hier :

– On ne manque pas de moyens pour te réduire au silence.

– Fous le camp de chez moi ! lui a ordonné Marilyn.

– Tu sais à qui tu parles ? Tu te prends pour qui ?

– Pour une personne qui parle à une autre personne. Rien d'autre.

– Une pute, ouais !

– Tes sept enfants savent ce que tu es en train de faire ?

– Ne mêle pas ma famille à ça !

– Dehors ! ai-je crié à mon tour.

– Tu réalises ce qui va t'arriver ? s'est énervé Bobby.

– J'en ai eu un aperçu le week-end dernier au Cal Neva Lodge, a confirmé Marilyn.

– Ce n'est rien comparé à ce qui va suivre si tu ne me donnes pas ces maudits carnets.

– Ce n'est pas ce dont on était convenus.

– Je ne cède pas au chantage.

– Tu avais promis !

– Depuis quand crois-tu aux promesses des hommes politiques ?

– Depuis que je suis une femme probablement.

Faute de pouvoir répondre à ça, le ministre se laissa emmener par un Lawford embarrassé.

Bobby n'avait aucune parole. Il était notoire que le clan Kennedy avait utilisé la mafia pour accéder au pouvoir avant de la combattre une fois en place. De la même façon, Bobby avait feint de se compromettre dans ce simulacre de suicide, afin de gruger Marilyn. Il était obnubilé par ses carnets et a tout tenté pour les lui subtiliser. « Marilyn doit être réduite au silence », a-t-il insisté auprès de Greenson. Lawford lui-même déclarera : « Bobby était déterminé à la faire taire, peu importent les conséquences. » Torpiller la machination ourdie par Marilyn était donc le cadet de ses soucis.

Je lève les yeux de mon carnet et contemple la nuit autour du halo de la lampe. Je ne suis qu'une luciole dans une sombre immensité. Dois-je continuer à éclairer l'histoire que l'on s'est employé à obscurcir ? À quoi bon ? Personne ne sait aujourd'hui ce qui s'est réellement passé entre le 4 et le 5 août 1962. À part elle et moi, seuls témoins encore vivants. Maintenant que j'ai commencé, autant aller jusqu'au bout. Cela me fait du bien. Où en étais-je ? Ah oui, la sortie de Bobby.

Eunice et Norman ont réapparu après le départ houleux de Bobby et de Lawford. Ils ont trouvé leur patronne terrifiée. Elle s'est apaisée artificiellement avec des tranquillisants, puis a eu l'idée d'appeler Sydney Guilaroff, son coiffeur et ami depuis vingt ans. En larmes, elle lui a parlé de la visite cavalière de Bobby, des menaces proférées à son encontre et de sa brutalité. Marilyn s'épanchait pour se couvrir au cas où les Kennedy auraient décidé de revenir lui faire la peau. Si plusieurs personnes étaient au courant de la descente du ministre de la Justice en personne, peut-être que Bobby n'oserait pas mettre ses ultimatums à exécution et accepterait de s'en tenir au plan.

Vers 16 h 30, Ralph Greenson s'est pointé pour répéter le scénario qui avait été mis au point. Perturbée, Marilyn a fait l'erreur de lui parler de l'éruption volcanique de Bobby. Greenson a paniqué et tenté de la convaincre de faire marche arrière.

– Marilyn, tu réalises bien à qui tu t'attaques ?

– À Bobby.

– Au ministre de la Justice.

– Il m'a envoyé sa fonction à la figure lui aussi. Comme si je ne le savais pas ! Et moi, qui je suis ? De qui on se souviendra le plus dans cinquante ans ? de lui ou de moi ?

Marilyn était entrée dans la phase « haute » de la bipolarité. Tant qu'elle serait dans cet état-là, rien ne pourrait la faire plier.

– Ce n'est pas le moment d'avoir de l'ego, ai-je dit à Marilyn. Surtout quand il s'agit de disparaître.

– J'ai un gros ego, mais tu sais qu'il n'y a rien dedans. Une aiguille et pam ! j'éclate !

– C'est devenu trop dangereux, s'est affolé Greenson en se triturant la moustache.

– On suit le plan, le psy, et tu fermes ta gueule ! lui ai-je soudain lancé en le faisant sursauter.

– C'est à Marilyn que je m'adresse, a bredouillé le pleutre.

– On suit le plan, a répété Marilyn. Fin de la séance.

Greenson est reparti vers 19 heures.

Ce qu'on ignorait encore, c'est que pendant notre entretien avec le psychiatre, Bobby et ses deux agents de sécurité étaient revenus sur leurs pas pour s'introduire dans l'hacienda comme des voleurs. À quelques heures du suicide programmé de Marilyn, ils espéraient encore mettre la main sur les fameux carnets. Mais Bobby n'a trouvé que des papiers sans intérêt. Il est ressorti bredouille de la villa avec ses gorilles aussi discrets que des moissonneuses-batteuses.

Marilyn assommait sa nervosité à coups de tranquillisants et de gin. Elle avait été traumatisée par sa violente altercation avec Robert Kennedy. Elle s'est aussi saoulée de soul. Le vinyle de Sam Cooke tournait en boucle sur la platine :

What a wonderful world this would be…

À 21 h 30, José Bolaños, scénariste et ami de Marilyn, a appelé. Il était de retour à Los Angeles et venait aux nouvelles. Elle lui a confié que Bobby la harcelait pour qu'elle lui cède son journal intime. Elle a ajouté que ce serait un choc pour le monde entier si elle en révélait le contenu. José a voulu en savoir plus. À ce moment-là, on a sonné à la porte. Marilyn s'est éloignée du téléphone sans raccrocher pour que José soit un témoin auditif de ce qui risquait de se passer. Comme elle s'y attendait, Bobby et ses deux gardes du corps étaient plantés sur le palier avec des mines sinistres. L'un des deux gardes portait une sacoche de médecin. Pour la seconde fois de la journée, Bobby a ordonné à Eunice et à Norman d'aller voir ailleurs. Les deux domestiques terrorisés se sont réfugiés chez des voisins. L'un des agents de sécurité a ouvert la sacoche pour en sortir une seringue contenant un mélange brunâtre. Marilyn a averti Bobby :

– J'ai informé des amis que tu étais venu me menacer chez moi.

– Ils ont des preuves ?

– Il y a aussi deux témoins : Eunice et Norman.

– Deux grouillots à la solde de Ralph Greenson, qui suivra mes instructions.

L'agent a fait perler une goutte au bout de l'aiguille pendant que son collègue baraqué immobilisait Marilyn.

– Foutez le camp ! ai-je crié.

– J'ai peur, a ironisé le sbire avant de me cogner pour que je la boucle.

Marilyn a repris la parole :

– Depuis ta visite de cet après-midi, j'ai pris des dispositions. Si tu me tues, les carnets iront directement au *Los Angeles Times.*

– Je ne te crois pas.

– C'est ton problème, connard ! ai-je lancé.

Bobby a giflé Marilyn. Il la punissait de mes insultes pour que je la ferme. J'étais hors de moi et je ne pouvais me taire malgré la rétorsion à l'égard de Marilyn.

– Tu veux nous baiser, merdeux ? Mais ça, c'est du passé. Toi et ton malade de frère, vous irez vous faire fourrer par Giancana et Hoffa quand vous vous retrouverez derrière les barreaux.

L'argument a touché un point sensible. Robert Kennedy a shooté de rage dans un escarpin qui traînait par terre et fait signe à l'agent qui brandissait la seringue de s'écarter. Les trois hommes se sont retirés en laissant derrière eux de nouvelles menaces qui ont retenti entre les murs truffés de micros.

Nous devions modifier le plan afin d'empêcher Bobby d'assassiner Marilyn pour de bon. Le meilleur moyen était d'orienter les soupçons sur lui en se servant des témoins.

Le silence est de nouveau tombé sur l'hacienda, seulement troublé par le tintement des carillons qui décoraient l'entrée. Nous avions peu de temps pour réfléchir avant le retour d'Eunice et de Norman.

– Les voisins ! s'est écriée Marilyn. On va les aviser des intentions de Bobby.

Sans prévenir, elle s'est ruée comme une folle dans le patio et a crié avec un accent qu'elle est allée chercher je ne sais où :

– Assassins ! Vous êtes contents maintenant qu'elle est morte ?

Elle est rentrée aussitôt après s'être époumonée.

– Quelqu'un aura forcément entendu ça, a-t-elle souligné.

J'ai trouvé l'idée excellente.

Ivres de rage et d'alcool, nous avons enfin déclenché l'opération. Il n'y avait plus de temps à perdre. Le cadavre de la blonde ne resterait pas indéfiniment aux pompes funèbres. J'ai appelé Greenson pour qu'il se prépare à recevoir un appel de la gouvernante. Marilyn s'est déshabillée et badigeonnée de *cold cream* pour adopter une apparence cadavérique. Elle a vidé trois coupes de champagne qui lui ont donné l'air encore plus comateuse et a saisi le combiné téléphonique au bout duquel José Bolaños avait raccroché depuis longtemps. Elle s'est affalée en travers du divan. On l'aurait crue sur un plateau de cinéma en train de pulvériser les limites de l'Actors Studio ! Eunice et Norman l'ont découverte dans cette position à leur retour. Elle ressemblait à une morte vivante. Je me souviens que sa couleur plus que sa nudité a énormément impressionné Norman.

Comme on s'y attendait, Eunice a téléphoné à Greenson. La gouvernante a aussi appelé une ambulance. À leur arrivée, l'un des deux brancardiers a mis Marilyn sur le dos et essayé de la réanimer. Ivre et droguée, elle n'a pas eu beaucoup de mal à jouer la comateuse. Greenson a déboulé à son tour et simulé une réanimation cardio-pulmonaire conformément au plan. Il a brandi une seringue de cinéma à aiguille rétractable et sous les yeux éberlués des ambulanciers a fait semblant d'injecter de l'adrénaline directement dans le cœur de Marilyn. Le stress rendait ses gestes maladroits. Il a heurté une côte et provoqué une douleur déchirante dans le corps de Marilyn. Mais elle a serré les dents sans broncher. À la suite de notre appel, le docteur

Engelberg s'est présenté vers minuit trente pour constater le décès. Le corps de Marilyn a été transporté dans sa chambre.

Mais nous n'étions pas au bout de nos surprises.

Une armada de flics en civil venus d'on ne sait où a soudain investi l'hacienda et commencé à fouiller chaque centimètre carré. Ce coup de force n'était pas prévu au programme. Nous avons tout de suite pensé que Bobby l'avait commandité. Il jouait sa dernière carte. Dans la chambre avec Marilyn, j'ai prié Greenson d'aller voir le responsable du chambardement et de lui raconter que Robert Kennedy avait injecté un mélange létal dans les veines de Marilyn. Greenson a refusé. Alors on lui a vite fait comprendre que s'il ne s'exécutait pas, ce serait lui qui serait accusé d'assassinat. Des témoins l'avaient vu lui administrer un produit juste avant sa mort !

– Vous n'êtes pas encore morte, a dit le psychiatre à Marilyn.

– Vous miseriez cher sur mes chances d'être toujours en vie demain matin ? lui a-t-elle demandé.

– Où voulez-vous en venir ?

– Bobby ne reculera devant rien pour s'emparer des carnets et me museler à jamais. Et vous êtes bien placé pour être le bouc émissaire.

Convaincu et sous pression, Greenson est allé voir le capitaine Hamilton, qui dirigeait l'intervention policière. Quelques minutes plus tard, les flics ont évacué les lieux. Le message porté par le psychiatre avait eu l'effet escompté. Robert Kennedy, qui n'avait pas quitté Los

Angeles, avait reçu notre avertissement cinq sur cinq. L'enfoiré !

Dans la nuit de Brentwood, le ministre nous a rendu visite pour la quatrième fois en quelques heures. Il a ordonné à Eunice et à Norman d'aller se coucher. Marilyn a alors organisé un conciliabule inopiné dans la buanderie. Elle se sentait écoutée à travers les murs. Elle avait raison. Les micros enregistraient.

Tableau surréaliste et inoubliable. Difficile d'imaginer Marilyn tenir un conseil de guerre, enduite de *cold cream*, adossée à la machine à laver qu'elle venait de mettre en marche et attifée d'un peignoir face à Kennedy, Greenson et Engelberg, qui transpiraient dans leur costume. Elle se maintenait à peine debout à cause des drogues et du harassement.

– Tu m'as piégé, salope, a attaqué le ministre de la Justice.

– C'est moi qui vous tiens tous, alors fermez-la, a-t-elle chuchoté.

Joignant le geste à la parole, elle a posé son doigt sur ses lèvres. Propos secs dans le corps d'une belle ingénue cabossée.

– Putain, c'est le moment de laver le linge ? a grogné Bobby.

– On nous écoute.

– Qui ça ? s'est affolé Greenson.

– C'est quoi encore, ce délire ? s'est énervé Bobby.

– Ici, il y a moins de risques.

– Quoi, tu es sur écoute ?

– Il faudrait être naïf pour croire le contraire.

– Qui ?

– La CIA, la mafia, le FBI, j'en sais rien, moi. Je suis actrice pas ministre de la Justice !

– Si c'était le FBI, je serais au courant.

– Alors c'est la mafia, a déduit Marilyn. Ils ont tout enregistré. Et pas seulement la baise. Les disputes aussi. Les coups. Les portes qui claquent. Les insultes et les menaces. Mes coups de fil à des amis compatissants.

Sa voix de porcelaine avait pris tellement d'assurance qu'on aurait cru qu'elle savait pour les micros. En tout cas, elle se servait de cette possibilité pour faire pression sur Kennedy.

– Putain ! s'écria ce dernier.

– Ils entendent aussi les gros mots, a murmuré Marilyn.

– Qu'est-ce qu'on fait ? s'est affolé Greenson.

– On change les plans.

– Comment ça ? s'est inquiété à son tour Engelberg.

– Beaucoup d'indices accusent désormais Bobby : ses visites intempestives, mes conversations téléphoniques avec Sydney et José, le cri que j'ai lancé du patio...

– Quel cri ? l'a coupé Kennedy.

– « Assassins ! Vous êtes contents maintenant qu'elle est morte ? » chuchota Marilyn. Mais en plus fort.

– Tu es une belle salope.

– Belle, je sais ce que c'est. Mais « salope », c'est nouveau pour moi. Je suis forcée de l'être à cause de vous. Sinon, je ne serais pas ici. On m'aurait marché dessus depuis longtemps. À force d'être gentil, les gens finissent par vous rendre méchant.

J'adorais sa verve ! Elle qui butait souvent sur le texte des autres faisait fuser des répliques maison *ad hoc*. Moi j'essayais de revenir au plan :

– Il va falloir jouer serré pour éviter que l'on accuse Bobby de meurtre, ai-je avancé.

– Quoi ? s'est exclamé l'intéressé.

Il trépignait et ne cessait de regarder sa montre. Sa présence en pleine nuit dans cette buanderie et sa soumission à une actrice à moitié nue et complètement défoncée lui étaient insupportables.

– Considérez qu'à partir de maintenant je suis officiellement morte, a déclaré Marilyn. Je le suis déjà aux yeux d'Eunice Murray, de Norman Jefferies et de deux ambulanciers. Considérez également qu'il y a un gros méchant procureur général qui est venu me harceler à propos de mes carnets. Mes domestiques et des voisins pourront le confirmer.

– Qu'est-ce que tu proposes, Marilyn ? a demandé Greenson.

– On est là pour prendre une décision. J'ai soif, pas vous ?

Je lui ai recommandé vivement de repousser la boisson à plus tard et de se concentrer sur la stratégie à adopter en fonction des circonstances. Greenson et Engelberg iraient briefer Eunice pour qu'elle ne mentionne pas le nom de Robert Kennedy dans sa déposition. Elle témoignerait avoir vu de la lumière filtrer de la chambre de Marilyn. La porte étant verrouillée, elle prétendrait avoir appelé sa patronne sans obtenir de réponse. Inquiète, elle aurait alors requis l'aide de Greenson. Le psychiatre serait intervenu en cassant une vitre avec un tisonnier pour entrer dans la chambre et aurait appelé Engelberg pour qu'il constate le décès. On allait faire apprendre cette version par cœur à Eunice Murray en prétextant une raison d'État. Il fallait protéger le ministre de la Justice.

– Et tu crois que je vais accepter de prendre le risque d'être accusé ? s'est rebiffé Robert Kennedy.

– Oui, a répondu Marilyn, parce que sinon dès demain je pourris ta réputation et celle de tous les Kennedy. Tu perdras ton boulot, ta famille, ta liberté. Alors tu as deux choix : sois tu pars d'ici avec un paquet de casseroles dont celle de tentative d'assassinat, soit on minimise les dégâts que tu as commis et tu m'aides à disparaître comme on l'avait prévu.

Un long roulement de tambour de machine à laver a été nécessaire à Robert Kennedy pour se ranger à la seconde option.

– C'est la dernière fois que j'entends parler de toi, a-t-il averti pour se donner une contenance.

– À partir de maintenant, je suis morte pour tout le monde, a confirmé Marilyn.

Elle avait pris deux décisions majeures dans sa vie. La première, en 1945 lorsqu'elle avait choisi de devenir Marilyn Monroe. La seconde, un soir d'été 1962, en tuant Marilyn Monroe. La blonde la plus célèbre de tous les temps n'avait vécu que dix-sept ans !

Mais combien de ratés avant qu'elle ne meure ! Il a fallu repousser de trois heures le constat de décès prononcé par Engelberg.

Greenson est allé réveiller Eunice Murray pendant que Robert Kennedy s'éclipsait la rage au ventre mais en respectant ses engagements. Il s'est envolé dans la nuit à destination de San Francisco pour se montrer tout sourire le dimanche matin à la messe de 9 heures avec sa femme et sa ribambelle de gosses.

Le docteur Hyman Engelberg s'est chargé d'appeler le commissariat de West Los Angeles. Il était déjà 4 h 25 du matin.

– Docteur Hyman Engelberg, a-t-il bafouillé. Marilyn Monroe est morte. Elle s'est suicidée.

– Qui avez-vous dit que vous étiez ? a demandé le sergent Jack Clemmons à l'autre bout du fil.

– Je suis le docteur Hyman Engelberg, le médecin de Marilyn Monroe. Je me trouve chez elle. Elle vient de se suicider.

– Donnez-moi l'adresse, j'arrive.

– 12305 Fifth Helena Drive.

Clemmons a sauté dans sa voiture. À son arrivée, Eunice l'a conduit auprès de Marilyn. Elle gisait en travers de son lit, sur le ventre, la tête dans l'oreiller, les bras le long du corps, les jambes raides. Le docteur Engelberg était assis près d'elle. Il adoptait un air abattu. Greenson se tenait debout près de la table de nuit dans la posture de l'acteur shakespearien.

– Elle s'est suicidée, a-t-il déclamé.

Il a désigné le flacon vide de Nembutal qu'il avait posé au chevet de Marilyn avant d'ajouter :

– Elle a pris tout le contenu.

Ils avaient rabattu le drap sur la tête de Marilyn pour éviter que le policier ne détecte un signe de vie. Clemmons a cherché Eunice Murray. Il a trouvé la gouvernante en train de plier le linge dans la buanderie. Le séchoir fonctionnait encore. Cette idiote a récité son texte mais s'est embrouillée et a mélangé les heures. Tout comme Greenson, qui a donné trois versions différentes des événements. Je dois reconnaître que le stress, la fatigue et la confusion avaient laminé les esprits des acteurs et des témoins involontaires de cette tragédie. Même Marilyn a commis une erreur. La position qu'elle avait adoptée, dite « du soldat », ne correspondait pas à celle, beaucoup plus tourmentée, d'une personne censée avoir succombé dans des convulsions à une overdose de Nembutal. Un comble pour une actrice ! Au cours de son existence, Marilyn a réalisé certaines de ses meilleures performances, comme celle de l'épouse éplorée lors de l'annonce de son divorce avec Joe DiMaggio. Malheureusement, elle a raté sa dernière scène. Elle était peut-être trop pleine de vie pour jouer le rôle d'une morte. Comme elle n'a pas eu le droit à une deuxième prise, tout le monde a dû composer avec celle-ci.

À cause de toutes ces incohérences consécutives aux descentes de Robert Kennedy chez Marilyn, ce qui devait passer initialement pour un suicide a pris peu à peu l'apparence d'un accident puis d'un assassinat.

Comme prévu, Marilyn a été transportée à la hâte aux pompes funèbres sans passer par le bureau du coroner, pour la substitution des corps. L'embaumeur complice avait fait du beau travail sur la fausse Marilyn. La vraie, elle, s'est éclipsée par l'arrière du bâtiment, les cheveux dans un foulard et les yeux derrière de grosses lunettes noires.

Le pick-up était garé dans la rue. Robert Kennedy avait respecté au moins cette partie du contrat.

Les clefs se trouvaient derrière le pare-soleil.

Une carte routière était posée sur le siège passager.

Marilyn s'est mise au volant. J'ai déplié la carte. On avait tracé une croix rouge dans l'État du Nouveau-Mexique. Marilyn a démarré et allumé la radio pour se donner du courage.

Hit the road Jack
And don't you come back no more no more no more no more…

Ray Charles était avec nous.

Nous avons attaqué la route sans rien emporter. Nous laissions même son chien Maf. Marilyn n'a conservé de ses trente-six ans d'existence que trois choses : ses carnets, un secret qu'elle me fit promettre de ne jamais révéler et ma compagnie.

Robert Kennedy a tenu ses autres promesses. Bien obligé. Il a briefé personnellement le coroner Theodore Curphey pour qu'il falsifie l'autopsie qui serait réclamée à la suite de la mort non naturelle de Marilyn. Curphey a chargé un médecin légiste débutant, le docteur Noguchi, de procéder à l'autopsie en question. Le novice n'a bien sûr pas trouvé le corps de la star dans les locaux de la morgue. Mais au lieu d'interroger le coroner, il en a référé à Lionel Grandison, l'assistant tatillon de Curphey, qui a enquêté et découvert avec stupeur que le cadavre de Marilyn Monroe était aux pompes funèbres de Westwood Village, déjà embaumé. En début de matinée, Grandison en a ordonné le rapatriement à la morgue. Les responsables des pompes funèbres ont d'abord refusé de remettre le corps au coroner. L'embaumeur a profité de ce cafouillage pour peaufiner son travail. Un croque-mort un peu plus perspicace que les autres s'est étonné de l'état hygiénique douteux de la star : jambes mal épilées, faux seins, peau abîmée, pédicure douteuse. Même son visage était à peine reconnaissable. L'embaumeur a gardé son sang-froid et raconté que Marilyn était morte face contre terre, ce qui expliquait pas mal de choses, dont les taches violettes sur les joues et le cou enflé. Mais ce qui attisait le plus la suspicion du croque-mort, c'était la poitrine plate du cadavre. L'embaumeur avait dû rembourrer le soutien-gorge de coton. On était loin du « 97 » annoncé par miss Monroe. Ce tour de poitrine a failli compromettre toute l'opération.

À l'heure où à San Francisco Robert Kennedy assistait à l'office religieux, la fausse Marilyn embaumée, bourrée de coton et de barbituriques, était transportée à la morgue du comté de Los Angeles et rangée dans le casier n° 33.

Pour l'autopsie, John Miner, avocat général adjoint, spécialiste de droit médical et psychiatrique, s'est joint au docteur Noguchi. Le coroner Curphey s'est déplacé spécialement pour superviser le déroulement de la procédure, ce qui a étonné Miner et Noguchi. Aux ordres de la Maison Blanche, le coroner devait imposer ses vues au jeune médecin légiste et veiller à ce que le rapport final établisse le suicide, comme le lui avait expressément signifié Bobby Kennedy.

Qu'est-ce que j'aurais aimé assister à l'autopsie !

Ce n'est que bien plus tard que j'ai appris comment elle s'était déroulée. Devant la table en inox, Thomas Noguchi a soulevé le drap blanc qui recouvrait la défunte. Il en tremblait. Il s'agissait quand même de Marilyn Monroe. Ses études ne l'avaient pas préparé à la dissection des dieux et des déesses. Il s'est rattrapé par la suite en devenant le médecin légiste de stars. Au début, il a eu du mal à reconnaître Marilyn. Il ne l'avait vue que dans les films. Sur la table d'autopsie, elle était différente. La mort par empoisonnement et la thanatopraxie l'avaient métamorphosée.

Si Noguchi avait su !

Il a inspecté le visage, le cou, les bras, le ventre. La victime était couverte d'ecchymoses dont un gros bleu sur la fesse gauche, signe de violence, mais ne portait aucune trace de sang résultant d'une piqûre. Noguchi a ensuite effectué une incision au scalpel en forme de Y. Le charcutage a détruit peu à peu les différences avec la vraie Marilyn. Noguchi a extrait et examiné les organes les uns après les autres, sans détecter d'anomalie. Une attention particulière a été portée à l'appareil digestif puisqu'on soupçonnait une prise de somnifères. Il n'a rien trouvé. Aucune empreinte de barbituriques n'a été décelée, ni dans l'estomac, ni dans les intestins. Pas de cristaux réfringents dans le suc gastrique qui auraient confirmé l'ingestion de barbituriques. Pas de teinture jaune dans le tube digestif indiquant une présence de Nembutal. Pas d'odeur de poire caractéristique de l'hydrate de chloral. Le corps était sain à l'intérieur.

Forcément.

Je sais pas ce qu'ils se sont dit, mais j'imagine le dialogue que les médecins perplexes ont pu tenir à ce moment-là en salle d'autopsie :

– Où sont passés les 50 comprimés qu'elle est censée avoir avalés ?

– Si on veut être réaliste jusqu'au bout, comment croire qu'une personne puisse ingurgiter autant de somnifères sans tomber dans un coma fatal au cours de la prise ?

L'autopsie a duré cinq heures.

On a rangé le corps de la fausse miss Monroe dans un casier de la morgue au sous-sol du palais de justice de Los Angeles.

Noguchi a envoyé au laboratoire des prélèvements pour l'analyse chimique. Les échantillons ne sont jamais parvenus à destination.

Le dimanche soir, un photographe du magazine *Life* a réussi à s'introduire dans la morgue. Il a soudoyé un employé pour accéder au casier n° 33. Le charognard a pris plusieurs clichés du cadavre sans se douter qu'il photographiait une pute grimée en Marilyn par un embaumeur complice.

Le lundi, les résultats du laboratoire étaient publiés. Le rapport toxicologique du docteur Abernathy établi à partir d'échantillons imaginaires a montré que le sang et le foie contenaient un taux élevé de Nembutal et d'hydrate de chloral, dont la combinaison augmente l'effet létal. Pour arriver au taux mentionné, la victime aurait dû ingérer entre 52 et 89 comprimés ! De quoi tuer 9 à 20 personnes ! Dans la précipitation ou par sécurité, on avait exagéré les chiffres des expertises truquées. Le problème est que l'ingestion d'une telle quantité chimique n'est possible que par voie intraveineuse ou par lavement administré par une tierce personne. Ce fait était confirmé par l'autopsie de Noguchi qui n'avait rien décelé dans l'appareil digestif de la fausse Marilyn.

Une fois le résultat publié, Theodore Curphey ne pouvait plus le faire modifier. Coups de téléphone entre le palais de justice, le ministère et la présidence ! Comme à leur habitude, les Kennedy ont lâché Curphey. Au coroner de se démerder ! Malgré ces contradictions qui lui avaient sauté à la figure, celui-ci s'en est tenu au plan initial et aux conclusions attendues sur la mort de Marilyn Monroe : suicide par overdose de barbituriques.

Grippée par la fourberie de Robert Kennedy, par la confusion des témoignages du psychiatre et de la gouvernante, et par les incohérences du rapport d'autopsie, la machination s'est transformée en embrouillamini. La thèse du suicide a été remise en cause. On a parlé d'un accident dans le dosage médicamenteux. Greenson et Engelberg ont été mis sur la sellette. Puis on a privilégié la piste de l'assassinat. Car les suspects étaient pléthore. Les Kennedy ont été les premiers soupçonnés d'avoir éliminé une maîtresse encombrante. La présence tapageuse de Bobby la nuit du drame a joué en faveur de cette thèse.

Les Kennedy se sont alors employés à orienter les soupçons sur la mafia. Robert a verrouillé les dossiers du FBI.

Mais le doute persiste et personne n'est encore aujourd'hui médiatiquement blanchi.

– J'ai visé le crime parfait et j'ai un peu trop bien réussi mon coup, a ironisé Marilyn en lisant la presse qui se repaissait de cette affaire jusqu'à l'indigestion.

Pour elle, peu importait que l'on parlât de suicide, d'accident ou de meurtre. L'objectif était atteint dans la mesure où tout le monde a cru à sa mort. Le fait qu'elle fût encore en vie a été la seule thèse à n'être jamais soutenue, ni même évoquée. Personne n'a remis son décès en cause, et au nom d'une vérité truquée, de nombreux biographes, journalistes, écrivains et photographes y ont trouvé leur compte, en droits d'auteur et en notoriété.

Désormais, Marilyn n'avait plus besoin d'exister pour nourrir son mythe.

Elle a changé une nouvelle fois de nom et emménagé dans un ranch isolé du Nouveau-Mexique. Robert Kennedy lui avait déniché cette planque en marge du territoire navajo. Cinquante mille dollars en cash avaient été placés dans le double-fond du tiroir de la commode et on avait garni le dressing pour compenser le fait qu'elle abandonnait tout derrière elle. Les Kennedy avaient suffisamment de caisses noires pour financer l'opération.

Pendant quelque temps, j'ai eu peur que la vilenie du ministre de la Justice ne le pousse à venir jusqu'ici pour régler de vieux comptes avec celle qui lui avait damé le pion. Mais nous n'avons revu ni politiciens, ni hommes de main, ni médecins. Les carnets de Marilyn que j'avais pris soin d'envoyer à une boîte postale de Fort Wingate et que nous avons récupérés à notre arrivée étaient notre meilleure protection. Le clan des Kennedy savait que Marilyn garderait ses secrets tant qu'ils tairaient celui de sa disparition.

C'était le marché.

Durant les jours qui ont suivi les funérailles, nous avons appris qu'une grosse partie des biens de Marilyn avaient été légués à ses gourous Paula et Lee Strasberg. Le couple lui avait enseigné la comédie d'une manière militaire, selon la méthode Stanislavski visant à l'identification totale entre l'acteur et le personnage. Une méthode qu'elle a trop appliquée à la lettre.

Loin de tout, Marilyn a coupé les ponts avec les adulateurs, les amants, les amis, les ex-maris, les psychopathes, la mafia, Hollywood, les politiciens et les services secrets. Elle a eu du mal à s'adapter à sa nouvelle vie. L'être qui lui manquait le plus était son chien Maf, qu'elle a remplacé par Fletch, un setter allergique à la chasse. Mais elle a fini par trouver l'apaisement, le sevrage et un certain équilibre, un peu auprès de Dieu, beaucoup grâce aux Indiens. Les Navajos lui ont ôté ses maux au terme de cérémonies rituelles réparatrices. Ce syncrétisme propre à Marilyn, qui s'était convertie au judaïsme en 1956, l'a conduite à renouer peu à peu avec la santé, la beauté, l'harmonie, l'ordre. À trouver l'*hozho*, comme disent les Navajos.

Le monde ne l'a pas vue vieillir.

Jack et Bobby lui rendaient visite à tour de rôle dans ses rêves aux airs de cauchemar.

Jack a été tué l'année suivante.

En 1968, ce sera le tour de Bobby.

Marilyn et moi n'avons plus quitté notre retraite, employant notre temps à cultiver le sol et la solitude, à exister simplement, à lire, à écrire, à écouter de la musique ou le silence, à marcher, à contempler, à disposer librement de chaque seconde, à apprendre des Indiens, à nous nourrir de la terre, à faire partie intégrante de la nature, à respecter chaque vie.

Je consigne tout dans des carnets moi aussi. Mon écriture est moins tourmentée que la sienne et surtout moins sulfureuse. Comme il ne se passe pas grand-chose dans mon quotidien à moi, j'en viens souvent à remonter le temps avec une pointe de nostalgie.

Parfois j'imagine le futur, mais rarement car j'y vois le débarquement d'une escouade d'agents fédéraux, de mafiosi aguerris, d'adorateurs cinglés ou de paparazzi perspicaces.

Voilà, la vérité est écrite. Au moins une fois.

Je lève le nez vers la nuit étoilée qui semble avoir été peinte par Van Gogh.

Impossible de dormir face à autant de beauté.

Je me sers un grand verre de limonade avant de m'affaler dans le rocking-chair plaintif sur la véranda. Je repense à Marilyn. Aujourd'hui, le mythe est encore bien vivant, plus fort que le temps qui creuse les rides et mène au trépas. Cent cinquante mille sites internet ont fleuri sur son nom, des centaines de livres ont été écrits sur elle et une robe qu'elle n'a portée qu'une fois a été achetée 1 262 000 dollars.

Je n'ai jamais quitté Marilyn.

Septuagénaire, elle n'est pourtant que la peau morte d'une créature conçue par La Mecque du cinéma et élue cette année comme la sixième plus grande actrice de tous les temps par l'American Film Institute. Je me demande qui sont bien les cinq premières !

Je me balance en fredonnant *River of no return* sur les grincements du rocking-chair :

If you listen you can hear it call
There is a river called the river of no return
Sometimes it's peaceful and sometimes wild and free
Love is a traveler on the river of no return

Ma voix est voilée, mon timbre presque enfantin. Ô vieillesse ennemie, n'ai-je donc tant vécu que pour retomber en enfance ?

Je sens que je m'assoupis enfin.

Plus besoin de somnifères désormais.

4

Nue

Mon épouse leva les yeux sur moi. On roulait au ralenti. L'aiguille du compteur affichait moins de 10 miles à l'heure !

– Toutes les autres pages ont été arrachées, déplora-t-elle.

Je me rangeai sur le bord de la route comme si je pouvais faire réapparaître les feuilles manquantes.

– Qui a pu écrire ça ? m'exclamai-je.

– L'auteur ne mentionne jamais son nom, à aucun moment.

– On ne sait même pas si c'est un homme ou une femme.

– C'est une personne qui a vécu aux côtés de Marilyn.

– Avant et après sa disparition.

– Une personne qui, en 1999, prétend partager son toit avec Marilyn Monroe, j'appelle ça un fou. C'est pas vrai ?

– Pourtant, ce que tu as lu...

– Quoi ? Tu crois à cette histoire ?

– J'en sais rien.

– Ce n'est pas parce que tu trouves un manuscrit de Perrault qu'il faut croire au *Petit Chaperon rouge*.

– Il y a quand même des coïncidences troublantes. L'auteur de ce journal a l'air d'en connaître un rayon. Tous les détails sonnent juste… En plus, cette thèse explique pas mal d'incohérences qui ont entouré la mort de Marilyn.

– Comment peux-tu croire une seconde qu'un type se soit retiré avec Marilyn Monroe pour lui tout seul dans un coin perdu du Nouveau-Mexique ? Moi, je verrais plutôt un fan qui a fantasmé et enquêté sur elle toute sa vie. Tu aurais même pu l'écrire, ce journal, c'est vrai ou c'est pas vrai ?

– Tu me prends pour un fou ?

– Pour un fan. Mais tu n'es pas le seul.

– Qu'a-t-on appris de concret sur ce type ?

– Il vivait seul, isolé du reste du monde… jusqu'à aujourd'hui.

– Pas seul. Il y avait quelqu'un d'autre avec lui : le « monstre ».

– L'un des deux a péri dans l'incendie.

– Ce n'est pas une mort accidentelle. Manifestement il a cherché à détruire ses cahiers. Il se cachait ou bien il cachait quelque chose.

– À un moment, il fait référence à un secret, se rappela Coco.

Elle feuilleta les pages en arrière et relut la phrase : *Marilyn n'a conservé de ses trente-six ans d'existence que trois choses : ses carnets, un secret qu'elle me fit promettre de ne jamais révéler et ma compagnie.*

– Un sacré secret, soulignai-je, vu ce que l'auteur se permet déjà de révéler.

– Il faudrait trouver ce Sam.

– Qui ?

– L'auteur en parle au début du chapitre. C'est celui qui lui a apporté le livre sur Marilyn Monroe.

– Bizarre quand même que notre narrateur si prolixe n'ait pas parlé de ce bouquin à Marilyn. Il ne lui parle jamais d'ailleurs.

– Attends, je te rappelle qu'en 1999 Marilyn Monroe est morte depuis longtemps.

Je ne pouvais pas prétendre sérieusement le contraire. Du moins jusqu'à aujourd'hui. Jusqu'à ce carnet.

– Qui est le « monstre » ? demandai-je.

– Sa femme. On a affaire à un vieux couple qui ne communique plus et dont le mari fantasme sur une actrice de son époque.

– En 1999, Marilyn aurait eu 73 ans.

– Mais elle est morte en 1962, l'année de ta naissance. Tu me l'as assez répété.

Comme pour des milliers de gens, Marilyn Monroe avait peu de secrets pour moi. Du moins le croyais-je. L'icône du septième art avait illuminé mon adolescence, orné le mur de ma chambre, nourri ma cinéphilie, dominé le panthéon des stars qui me faisaient rêver. Marilyn Monroe, c'était l'incarnation du cinéma, une robe blanche qui se soulève au-dessus d'une bouche de métro, un buste de diamant qui descend des escaliers violets, une blonde qui se déhanche sur le quai d'une gare avec un ukulélé au bout du bras. Mais difficile de croire qu'elle avait simulé sa mort pour aller vivre en ermite avec un affidé !

Qui était l'auteur de ces lignes ? Marilyn pouvait-elle vraiment être encore vivante en 1999 ? Aurait-elle pu vivre cachée pendant trente-sept ans, à l'insu des services secrets, de la mafia, de la police, des journalistes et de Hollywood ? Que s'était-il passé dans cette ferme ? Qui était le cadavre ?

Dans la chaleur de l'habitacle, je m'emparai du carnet et j'examinai l'écriture qui prenait plus de valeur que les hiéroglyphes d'un précieux manuscrit. Elle était scolaire, espacée, le trait était régulier, le tracé mou, les lettres petites, ramassées et prolongées vers le bas, les lignes horizontales, de larges marges étaient tirées au cordeau. On avait affaire à un individu sans personnalité, froid, résigné, introverti, terre à terre, d'une humeur stable.

– Tout le contraire de Marilyn, ai-je déduit.

– Tu es expert en graphologie ?

– J'ai un peu étudié le sujet pour un de mes romans. De toute façon cela tombe sous le sens. On voit bien que celui qui a écrit ces lignes est quelqu'un de discret et peu soucieux de son apparence. À aucun moment il ne se met en avant.

– Tu en conclus quoi ?

– Les opposés s'attirent. Regarde-nous. Marilyn avait peut-être enfin déniché l'homme qui lui convenait, la perle rare. Elle avait failli la trouver avec Joe DiMaggio, mais celui-ci était trop con.

– Tu oublies une chose.

– Quoi ?

– En 1999, Marilyn repose en paix depuis longtemps.

Je tournai les pages brûlées avec la précaution d'un expert feuilletant un vieux codex. Elles craquelaient entre mes doigts. Les réponses à nos questions logeaient peut-être dans un autre carnet.

Nous avons ouvert le suivant. En respectant la chronologie.

De 1999 nous sommes passés à 2006.

Entre les deux, six années étaient parties en fumée.

La première moitié du cahier de 2006 était trop abîmée pour que l'on puisse en tirer quelque chose. Le texte redevenait lisible à partir de juillet. Il commençait par ces mots, que j'ai lus à haute voix : *Cet été, les Français peuvent la voir nue.*

Extrait n° 3

11 juillet 2006

Cet été, les Français peuvent la voir nue. J'ai appris la nouvelle à la télévision. La petite lucarne réductrice dans laquelle Marilyn n'a jamais accepté d'entrer continue de diffuser des actualités sur la star.

Pendant quatre mois, le musée Maillol, à Paris, expose 59 photographies d'elle sur les 2 571 qui ont été prises en 1962 lors de deux séances pour le magazine *Vogue*. Probablement les mêmes que celles retenues par Bert Stern en 1982 pour un musée américain.

Quels moments merveilleux furent ces deux séances !

Et dire que j'en fus l'unique témoin.

Cela se passait dans une suite de l'hôtel Bel-Air, à Los Angeles, à la fin du mois de juin 1962.

Marilyn venait d'avoir 36 ans et d'être licenciée par la Fox.

Arrivée au Bel-Air à 19 heures avec cinq heures de retard.

Seule avec son ombre.

Elle était rarement à l'heure, mais quand elle était là, sa présence remplissait tout. Bert Stern en a oublié l'attente interminable, ému comme un photographe de safari se retrouvant nez à nez avec la panthère tant espérée.

Pour la séance, il avait apporté des foulards colorés et transparents. Quelques colliers pour parures.

– Vous voulez faire des nus ? lui a lancé Marilyn.

– Vous accepteriez ? s'est emballé le photographe déjà hypnotisé.

Elle n'avait posé nue que deux fois dans sa vie. En 1949 pour un calendrier et tout récemment sur le tournage de *Quelque chose doit craquer*.

– Pourquoi pas ? s'est-elle exclamée.

– C'est une bonne idée, a confirmé Stern en essayant de tempérer son vif enthousiasme.

– Les photos de mode sont des photos de vêtements. Elles finissent par lasser.

– Nature, alors... sans maquillage, a suggéré Stern.

– Ah, je vois, vous voulez faire dans le créatif ! a-t-elle plaisanté.

C'est ainsi qu'elle a accepté de poser nue, le corps dénué d'artifices. Après s'être dévêtue, elle a pris un foulard transparent et fixé Bert Stern à travers.

– Pas mal pour 36 ans, non ?

Une cicatrice barrait son abdomen, séquelle de son opération de la vésicule biliaire. Elle se sentait à l'aise en tenue d'Ève. Elle possédait non seulement la fraîcheur de l'héroïne du Livre de la Genèse, mais elle en avait aussi l'aura. Jamais personne depuis les auteurs originels de la

Bible n'avait osé sacraliser le sexe. Ève avait initié Adam au sexe pour lui donner une conscience et sceller l'avenir de l'humanité. Marilyn initiait son public au sexe en y associant la beauté, la bienveillance, la gentillesse, l'humour, la tendresse, la compassion, la candeur, la politesse.

Elle incarnait la pureté du désir sexuel.

Face à son Ève, Bert Stern en oubliait les directives. Le modèle de luxe qu'il avait dans sa mire était bien plus décontracté devant un appareil photo que devant une caméra. Au moins, elle n'avait pas besoin de maîtriser son bégaiement qui la handicapait depuis ses années à l'orphelinat.

Le champagne et le bordeaux coulaient à flots.

– Vous êtes... belle ! s'extasiait Stern, bête et béat.

Il était à court de vocabulaire. Heureusement, il n'était pas là pour écrire sur elle. Son trouble me faisait rire.

– Vous vous attendiez à quoi ? lui a-t-elle rétorqué.

À une star capricieuse sûrement. À une femme marquée vraisemblablement. À une pocharde instable probablement.

Le vin aidait Stern à se décontracter face au monstre sacré. Il ne tenait pas l'alcool contrairement à Marilyn.

Sur la platine, les Everly Brothers chantaient *Crying in the rain*.

Ce jour-là, elle a été plus professionnelle que jamais.

Devant l'objectif qui la regardait comme l'œil du monde, la créature se réveillait, se révélait, se livrait sans retenue. Elle qui n'avait jamais eu aucune prise sur son enfance, elle qui ne comprenait absolument rien aux mécanismes les plus simples de la vie domestique, elle qui était une paumée dans les méandres de la vie réelle, sur un shooting photo elle contrôlait tout. Jusque dans les moindres détails. Elle prenait possession de l'espace et des poses incroyables qui échappaient même à l'entendement du photographe, elle accaparait la lumière, basculait hors du temps. D'intemporelle, elle devenait immortelle.

À mes yeux, elle était d'autant plus désirable que sa mort était imminente. Ce jour-là sous les flashes, elle savait déjà qu'elle allait disparaître. Ce n'était l'affaire que de quelques jours, au plus quelques semaines, lorsque les pompes funèbres recevraient le bon cadavre. Marilyn allait mourir dans la fleur de l'âge avant que le temps n'altère son image et que ne commence le déclin de son sex-appeal.

Bert Stern mitraillait l'armure de beauté, d'innocence et de gentillesse qu'elle s'était forgée pour se protéger de la pourriture qui empuantissait les bas-fonds jusqu'aux hautes sphères. Une armure fissurée aujourd'hui. « À force d'être gentil, les gens finissent par vous rendre méchant », avait-elle dit à Bobby Kennedy la nuit du 5 août 1962. Mais elle se trompait. Les gens ne l'avaient pas rendue méchante, ils avaient seulement réussi à la détruire.

Stern la photographiera douze heures d'affilée : radieuse, marquée, espiègle, absente, ambiguë, physique, animale, incontrôlable, mélancolique, magique, irradiante, inventive, en mouvement, concentrée, grisée, assoupie. Elle jetait sur Ektachrome du Rubens, du Goya, du Botticelli, du Léonard de Vinci. Stern était débordé par autant de beauté et de vitalité. Chaque cliché valait des milliers de dollars et ferait plus tard les beaux jours de Sotheby's. Il savait que cette séance allait changer sa carrière et sa vie.

– Je vous avais rencontrée déjà une fois au début des années 1950, lui a-t-il confié au cours d'une pause.

Il était 2 heures du matin. Marilyn le regardait, les yeux mi-clos, masqués par une mèche blond platine, les doigts recroquevillés autour d'un verre de vin.

– C'était lors d'un cocktail, a-t-il poursuivi. Je n'avais pas osé vous aborder car vous étiez entourée par une cour d'hommes.

Un vrai gamin ! Elle a ri comme s'il avait raconté une blague, puis elle a bu une gorgée. Une goutte sur ses lèvres évoqua une de ces créatures charnelles et sulfureuses ne vivant que la nuit pour sucer le sang de ses victimes craintives mais consentantes.

Bert Stern s'est approché d'elle. Il n'y avait rien entre elle et lui, juste l'air vicié de la chambre. Il était au-dessus de Marilyn, les bras ballants, l'appareil trop lourd. Le photographe résistait pour ne pas toucher le modèle. Peur de faire disparaître le mirage, de briser la magie, d'interrompre le rêve. Ils n'étaient plus que tous les deux au monde. Moi, je n'existais plus depuis un bout de temps. Il s'est assis sur le lit à ses côtés, comme un enfant sage prenant place près de l'oreiller de sa mère. Il s'est souvenu alors qu'il était photographe et a armé son appareil, réglé sa focale sur le miroir en face d'eux et saisi ce moment. Autoportrait de l'artiste et de la muse, sans que l'on sache vraiment qui était l'artiste, qui était la muse. Au premier plan, une bouteille de vin, un verre presque vide, un escarpin se reflétant dans la glace. Au second plan, Stern, compassé, en train de prendre le cliché à côté d'une Marilyn grisée et euphorique dans une posture dont elle seule avait le secret.

– Et si j'avais été seule ?

– De quoi ?

– Si j'avais été seule ce jour-là, vous m'auriez abordée ?

– Je crois que je n'aurais pas osé non plus.

Nouveau rire de Marilyn, étourdie par la fatigue et l'alcool. Elle s'est tournée dans le drap, qui a glissé sur ses fesses. Elle a levé le coude pour avaler une nouvelle gorgée, révélant un sein dans la lumière laiteuse.

– Mais me déshabiller dans une chambre d'hôtel ne vous gêne pas, l'a-t-elle piqué.

– Non... Enfin, si... Je veux dire, ce n'est pas pareil.

– Pourquoi ? Parce que vous avez tous les droits dès lors que votre rétine est collée sur la petite fenêtre de votre appareil ?

Il a posé son instrument de travail et s'est penché sur elle. La chaleur de son corps remontait jusqu'à lui, mêlée aux effluves capiteux de bordeaux et de Chanel. C'était presque comme s'il l'enlaçait déjà. Elle était allongée sur le dos, les yeux fermés, offerte. Il a approché ses lèvres des siennes, toujours entrouvertes. Elle a levé les paupières.

– Non.

Un murmure sans ambiguïté.

Mais il en fallait plus pour le désensorceler. Enhardi par le désir, Stern a posé ses mains sur les épaules de Marilyn, décidé à l'embrasser. Elle s'est alors tournée vers moi. J'existais à nouveau pour elle. Elle réclamait mon aide. J'ai repoussé Stern en lui demandant de se contrôler.

– Vous m'avez envoûté, s'est-il justifié auprès de Marilyn. Je suis amoureux.

– Ce n'est qu'un travail, Bertie.

– J'ai envie de vous.

– Impossible.

– Pourquoi ?

Elle lui a soufflé alors cette chose incroyable que seule Marilyn pouvait dire :

– Parce que vous avez des millions d'hommes derrière vous.

Il a repris son appareil.

Marilyn se roulait dans les draps et inventait encore de nouvelles poses.

– Vous semblez aussi heureuse dans ce lit que sur un nuage, a commenté le photographe.

Elle s'est redressée sur un coude, a mordillé le drap et a fixé Stern. Son air enjôleur avait disparu pour révéler une mine sévère plus marquée :

– Si je devais tout perdre et que je ne puisse conserver qu'une seule chose, vous savez ce que ce serait, Bertie ?

– Non.

– Ce ne serait ni des bijoux, ni des manteaux de fourrure, ni des robes à paillettes. Ce serait mon grand lit.

– Votre lit ?

– Vous ne pouvez pas comprendre parce que vous n'avez pas connu le genre d'enfance où pas une seule fois on ne peut dormir seule dans un lit. Et encore, quand j'avais la chance de ne pas y être forcée par un homme.

Bert Stern avait entendu parler de l'enfance misérable de Marilyn, trimballée de foyers en orphelinats à cause d'un père qu'elle n'avait jamais connu et d'une mère folle. Derrière la star qui s'épanouissait devant lui se cachait la petite fille maltraitée et exploitée par ses familles d'accueil à faire passer Cendrillon pour une enfant gâtée. Il a baissé son appareil et servi un verre à Marilyn.

– Excusez-moi, a-t-elle murmuré. D'habitude je n'aime pas parler de mon enfance.

– Vous avez dénoncé l'homme qui vous a violée ?

– À 9 ans, personne ne vous écoute.

Stern lui a tendu son verre.

– Merci, Bertie.

À ce moment-là, j'ai eu peur qu'il ait brisé la magie avec ces questions. Je m'apprêtais à intervenir pour lui commander de se limiter au boulot pour lequel il était payé, lorsque Marilyn a remis des étoiles dans nos yeux :

– J'ai apporté un disque. Mettez-le.

Le photographe a sorti une pochette de 45 tours du grand sac de Marilyn.

– Françoise Hardy ? s'est-il étonné.

– Un ami français m'en a fait cadeau. Je ne comprends pas les paroles mais je ressens la même chose que cette chanteuse. Mon ami m'a dit que ce blues mélancolique raconte la tristesse d'une jeune femme seule entourée par des couples qui s'aiment.

Le saphir se posa dans un petit crachat et arracha du sillon la voix pure et langoureuse de Françoise Hardy :

Tous les garçons et les filles de mon âge
Se promènent dans la rue deux par deux
Tous les garçons et les filles de mon âge
Savent bien ce que c'est qu'être heureux
Et les yeux dans les yeux et la main dans la main
Ils s'en vont amoureux sans peur du lendemain
Oui mais moi, je vais seule par les rues, l'âme en peine
Oui mais moi, je vais seule, car personne ne m'aime.

Mes jours comme mes nuits
Sont en tous points pareils
Sans joies et pleins d'ennui
Personne ne murmure « je t'aime » à mon oreille.

Marilyn a trinqué sans attendre la fin de la chanson :

– Chanson française, vin français ! À ta santé, Bertie !

– Tchin tchin, Marilyn !

– Au travail maintenant, a-t-elle ordonné en reposant son verre vide.

Stern a réarmé son appareil et cadré la jeune femme, redevenue en quelques secondes séductrice et plus pétillante que du champagne. Elle jouait avec la lumière qui tapait sur les murs que Stern avait recouverts de papier blanc. L'éclairage convergeait sur elle et ambrait le grain éblouissant de sa peau d'ivoire. « Prenez-moi dans vos draps ! » semblaient dire ses yeux. Prête encore à donner de la beauté. Elle en dispensait à foison comme aucune autre femme ni aucun homme ne pouvait le faire. Depuis bien longtemps déjà, depuis qu'elle s'était arrachée au monde misérable de son enfance et gratifiait les orphelinats d'une partie de ses salaires, elle s'employait à rendre le monde moins laid.

Fin de la séance à 7 heures du matin.

Bert Stern a quitté la chambre en silence pour ne pas réveiller la déesse assoupie, drapée, assommée par l'alcool et douze heures de shooting. Avant de refermer la porte, il a volé une photo de la féminité apaisée. Dernier regard sur une Belle au bois dormant que les princes de passage ne pouvaient réveiller d'un baiser pour lui faire vivre une vie dorée avec beaucoup d'enfants.

Vogue s'est enthousiasmé du travail accompli, mais a jugé Marilyn trop nue. Comme s'il était pertinent de couvrir la Vénus sortant de l'eau, de vêtir une sirène jaillie des profondeurs, d'endimancher une Ève qui donnait tout !

Amérique corsetée !

Qu'importe, elle était aussi divine naturelle que parée.

Deux semaines plus tard, une deuxième séance plus habillée fut organisée à Bel-Air, dans un bungalow cette fois.

En noir et blanc.

Manteau de chinchilla noir. Robe noire. Longs gants noirs. Perruque noire.

– N'ai-je pas l'air d'une *first lady* ? a-t-elle raillé.

– Avec du sex-appeal en plus, a commenté son coiffeur.

Stylistes et maquilleurs bourdonnaient autour de ce modèle unique en Dior et colliers de perles qui faisait oublier ce qu'elle portait. Les flashes ont grésillé face à ma Marilyn mélancolique, rêveuse, candide, nostalgique, réservée, déchirante, distante, mais incontestablement désirable. Professionnelle jusqu'au bout, elle riait, se changeait, relevait la tête, se changeait, écartait les bras en signe de dépit, se changeait, posait une joue triste dans la paume, se changeait…

Six heures de travail non-stop.

Ce jour-là, elle a brisé une nouvelle norme, celle qui imposait aux mannequins de haute couture d'être grandes et maigres comme des manches à balai. Elle leur montrait à tous qu'une femme pulpeuse de 1,66 mètre pouvait occuper la première place du podium de la mode.

Encore sous le choc de la séance précédente, Stern lui a demandé si dans la foulée elle accepterait une nouvelle série de nus.

Elle a répondu par l'affirmative, fait sortir tout le monde et retiré tout. Y compris son maquillage.

Stern médusé à nouveau. Amoureux fou.

– Ne faites pas cette tête, Bertie, vous me connaissez maintenant.

Justement, il la connaissait.

Il s'est retranché derrière le viseur de son appareil et l'a laissée diriger le dernier shooting.

En couleurs.

Je me souviens que Bert Stern ne s'arrêtait plus de la prendre en photo. Comme s'il pressentait que c'était la dernière fois qu'ils se rencontraient.

Il avait raison. Il ne la reverrait plus.

Le lendemain, Marilyn a voulu jeter un œil sur les clichés. Elle a barré d'une croix au marqueur rouge les Ektachrome qu'elle ne voulait pas que l'on montrât.

Mais ces clichés censurés seront vus par le grand public en 1982 dans le livre de Bert Stern. L'exposition en présentera deux dont la célèbre « crucifixion » qui a fait la couverture de son ouvrage.

Marilyn X.

Elle disparaîtra une journée avant la publication des photos dans *Vogue* que l'on baptisera « La dernière séance ».

Je sors sur la véranda pour jouir de la pleine lune qui baigne le paysage. L'air de *Down in the meadow*, la comptine que chantait Marilyn dans *Rivière sans retour*, court entre mes lèvres :

Old Mr Moon makes heart everywhere go bump, bump,
With the magic of June.

5

Salie

Je rendis le cahier à mon épouse.

– C'est tout ce qu'on a pour 2006. À part quelques pages, le reste a été arraché ou brûlé.

Le cahier suivant datait de 2008.

– Qu'est-ce qu'on fait ? demandai-je.

– On roule jusqu'à la prochaine station. Sinon, on va finir dans une étuve.

Un endroit frais était requis pour consacrer toute notre attention à la suite de ces mystérieuses confessions. Pour l'instant, nous étions arrêtés sur une route droite tracée sur une terre chauffée au rouge.

– L'auteur du journal, commentai-je, il était encore là pendant la séance de photos. Quasiment invisible.

– Cela pourrait être un garde du corps.

– Marilyn Monroe avait toute une cour autour d'elle. Des coaches, des attachés de presse, des secrétaires, des domestiques, des chauffeurs, des masseurs, des coiffeurs, des maquilleurs, des psychiatres, des médecins, des avocats... Elle faisait vivre la moitié de Los Angeles.

– Cela en fait, des suspects !

– Ouais, et nous, on est bien partis pour ressembler à un couple d'enquêteurs.

– Je dirais « mal partis » pour être plus exacte. Plus on avance dans la lecture des carnets, plus on découvre qu'on ne sait rien.

– La vérité est ailleurs, partenaire.

– Dans ta liste des parasites, qui aurait pu assister à la séance de photos de l'hôtel Bel-Air ?

Le temps que je forge mon hypothèse, elle se répondit à elle-même :

– D'après ce qu'on vient de lire, Marilyn Monroe est arrivée seule dans la suite de Bel-Air.

– Seule avec son ombre, précisai-je.

– L'auteur se compare donc à l'ombre de Marilyn.

– C'est ce que je t'ai dit, il ne se met jamais en avant. Il intervient rarement, seulement en cas d'extrême urgence.

L'enseigne d'une station apparut à l'horizon comme un mirage. Elle gondolait dans les émanations de chaleur.

Après avoir fait le plein, nous nous sommes garés devant le snack de la station et engouffrés dans la salle climatisée qui sentait la cannelle et la friture. Le barman prit la commande de derrière son zinc. Une minute plus tard, deux verres de Coca-Cola glacés se posèrent sur la table poisseuse à côté des cahiers calcinés.

– Vous les avez laissés cuire trop longtemps, plaisanta le barman.

Il avait la tête de John Turturro, la corpulence de John Goodman et un tee-shirt sur lequel on pouvait lire « *Do I look like someone who cares what God thinks ?*[1] ».

– Non, lui dit Coco.

– Pardon ?

– Je répondais juste à la question sur votre tee-shirt.

– Ah oui. Merci.

– Pas de quoi.

– Une réplique de *Hellraiser*, je crois, soulignai-je.

– Exact. Prononcée par Pinhead dans le film.

– Vous habitez ici ?

– À Fort Wingate. Vous voyez où c'est ?

– Non.

– C'est pas très loin. Je bosse dans cette station car c'est tranquille. Il y a pas beaucoup de clients. Ça me permet de lire sans être emmerdé.

Pour preuve, il dégaina de la poche arrière de son jean XXL un exemplaire froissé de *Japanese Tales of Mystery and Imagination*, d'Edogawa Rampo.

– Vous connaissez les gens du coin ? lui demanda ma partenaire.

– Il y a surtout des Indiens. Ils ne sont pas très liants avec les étrangers.

– On a entendu dire qu'un proche de Marilyn Monroe vit dans une ferme plus au sud au bord du canyon.

– Ben, il doit pas être très frais, vu que Marilyn Monroe est morte depuis cinquante ans.

– Vous en avez entendu parler ?

1. « Est-ce que j'ai l'air de quelqu'un qui se soucie de ce que pense Dieu ? »

– De la mort de Marilyn Monroe ?
– Du proche en question.
– Non.
– Vous n'êtes pas curieux ?
– On est en territoire navajo. Je me risquerais pas à fouiller dans leur dos.
– Merci pour le conseil.

Pinhead est retourné se poser derrière son comptoir pour continuer sa lecture. Nous avons repris la nôtre.

L'année 2007 ayant été détruite, nous avons ouvert le cahier de 2008. Les pages encore à peu près intactes débutaient au mois d'avril. Les premiers mots confirmaient le profil psychologique que nous avions établi sur leur auteur : *J'ai longtemps pensé que je n'étais personne…*

Extrait n° 4

15 avril 2008

J'ai longtemps pensé que je n'étais personne. Mais devenir quelqu'un apporte beaucoup de désagréments. Marilyn me l'a démontré chaque jour. On porte en outre un ego encombrant qui enfle avec le temps. Je préfère finalement me déliter dans un espace vide et grand, dans la lumière douce de cette matinée sans nuages qui augure une journée sans perturbations. J'aspire à une vie animale délivrée des contingences d'une vie sociale paramétrée.

En devenant quelqu'un, Marilyn n'a fait que subir les désordres et les tracas d'une vie de star jetée en pâture.

Comment disent-ils au fait ? Ah oui, la presse, c'est la respiration de la liberté.

Pas pour tout le monde.

Ce mois-ci, l'article du *New York Post* en est un putain d'exemple. Le journal a dévoilé l'existence d'une copie d'un court-métrage pornographique réalisé dans les années 1950 et dans lequel Marilyn est supposée avoir joué. Un homme d'affaires new-yorkais aurait acheté le film pour 1,5 million de dollars. Les médias se sont faits les relais, voire les porte-voix de cette prétendue information.

Quelle société superficielle !

Ce n'est pas la première fois que l'on essaie de faire passer Marilyn Monroe pour une actrice de films X, une belle chair sans cervelle, bref une pute. Des rumeurs ont déjà couru sur sa participation à des films érotiques ou pornographiques. Pour stopper les ragots, il a fallu que *Playboy* démontre qu'il s'agissait d'une ancienne *playmate* qui ressemblait vaguement à Marilyn. Charlene ou Arlene Hunter, je crois qu'elle s'appelait.

Quant au court-métrage révélé par le *New York Post*, il aurait été entre les mains du FBI depuis les années 1960. Le film d'une durée de quinze minutes, tourné en noir et blanc dans les années 1950, montrerait une séance de fellation entre Marilyn et un homme non identifié. Ayant découvert et confisqué l'original, le directeur du FBI Edgar Hoover aurait tenté de prouver que son partenaire était le président américain John Kennedy ou son frère Robert. Rien que ça ! Ce faux scoop a permis d'alimenter les journaux d'information et d'engranger des recettes publicitaires avant d'être démenti par le *New York Post*.

Je me lève et j'éteins cette satanée télévision qui me relie à la lie et s'ingénie à me vendre des voitures et des lessives. Je me fais un thé aussi.

La récupération du mythe de Marilyn va jusqu'à recycler les fonds de poubelle. Si cela rapporte, on en fait une actrice porno ou une junkie, quitte à infirmer ultérieurement dans un communiqué laconique. Selon le magazine *Forbes*,

Marilyn Monroe est l'icône la plus lucrative du monde. Neuf millions de dollars sont générés chaque année en produits dérivés. Est-ce que *La Joconde* rapporte autant ?

Bert Stern aussi a exploité le filon en recréant « La dernière séance » avec Lindsay Lohan en Marilyn Monroe. Qu'est-ce qui t'est passé par la tête, Bertie ? Il fallait que tu sois frappé d'Alzheimer pour photographier une sous-starlette en train de singer les poses de Marilyn !

Je crois qu'il vaut mieux se retirer à temps pour ne pas assister à sa propre dégradation mise en scène par les suppôts du voyeurisme.

Marilyn s'est posé la question sur cette date limite au-delà de laquelle débute la péremption. Ses 11 derniers films où elle était en haut de l'affiche l'avaient hissée au firmament. Aurait-elle dû faire le douzième ? Véritable cas de conscience. Elle a tergiversé, fini par signer et commencé à jouer dans *Quelque chose doit craquer.* Qui aurait refusé ? Elle était parvenue au point où il n'était plus nécessaire de prononcer son nom pour la nommer. Son prénom à lui seul évoquait Hollywood et résonnait plus fort que les tambours et les trompettes du jingle de la 20th Century Fox.

Pas facile de quitter l'Olympe quand on en est l'une des déesses.

Marilyn était si intimement liée au cinéma qu'elle risquait de perdre son identité et l'essence de son existence si elle décidait de lui tourner le dos. « Je veux bien abandonner mon nom, ma blondeur et mes mensurations, mais supporterai-je de mendier un regard concupiscent si je quitte tout ça ? » m'a-t-elle confié un jour. Les titres de ses derniers films, évocateurs d'une star bipolaire tantôt rayonnante et enjouée, tantôt malade et déprimée, suffisent à montrer combien sa vie privée et sa vie publique avaient fusionné.

Niagara, de Henry Hathaway
Les hommes préfèrent les blondes, de Howard Hawks
Comment épouser un millionnaire, de Jean Negulesco
Rivière sans retour, d'Otto Preminger
La Joyeuse Parade, de Walter Lang
Sept ans de réflexion, de Billy Wilder
Bus Stop, de Joshua Logan
Le Prince et la Danseuse, de Laurence Olivier
Certains l'aiment chaud, de Billy Wilder
Le Milliardaire, de George Cukor
Les Désaxés, de John Huston
et
Quelque chose doit craquer, film inachevé, de George Cukor

Marilyn a imprimé sa marque sur ces œuvres au point de reléguer leurs réalisateurs à de simples exécutants, à l'exception de Henry[1] et de Billy[2], qui ont su la sublimer. Ces deux réalisateurs avaient le génie doublé d'une sensibilité féminine. Ils ont permis de construire le mythe de Marilyn que Preminger, Cukor, Huston et surtout Miller n'ont cessé de mépriser.

J'aime comparer le premier et le dernier film de la liste. *Niagara* a été le premier long-métrage où Marilyn figu-

1. Henry Hathaway.
2. Billy Wilder.

rait en tête du générique. C'était en 1953. Darryl Zanuck, le grand patron de la Fox, avait dressé sa liste d'actrices pour interpréter le rôle de la vénéneuse Rose Loomis. Marilyn arrivait en tête devant Anne Bancroft, Jean Peters, Lauren Bacall et Ava Gardner. Elle s'est glissée dans la peau du personnage comme dans la robe du gala d'anniversaire de John Kennedy.

Sourire rouge vif sur une peau d'ivoire, regard vénéneux surligné d'un léger eye-liner noir, cheveux platine et robe satinée rose fuchsia hyper-moulante, Marilyn a endossé le rôle complexe de la femme fatale troublante, dangereuse, magnétique, sensuelle, égocentrique, manipulatrice. Elle s'entendait bien avec Henry, qui pourtant était réputé pour être un réalisateur despotique sur les tournages. Leur collaboration était fructueuse, cela se ressentait entre les prises. Je me souviens d'une anecdote. Un jour, Marilyn a été interpellée à son arrivée par le chef de plateau :

– Vous êtes en retard, a-t-il persiflé.

– Vous êtes là pour pointer ou pour tourner un film ? a-t-elle répliqué.

– Pour tourner un film justement.

– Alors tournons, a-t-elle lancé en se dirigeant vers sa loge.

– J'attends ça depuis deux heures.

Sentant qu'il ne la lâcherait pas, elle est revenue vers lui.

– Si vous ne pouvez pas supporter mes défauts, vous ne méritez pas mes qualités. Il faut tout prendre chez les gens ou alors rien. Le pire va avec le meilleur. Rose Loomis en est un exemple. Empêchez-la de vivre et elle vous tuera.

– Il y a un problème ? a lancé Henry, qui s'impatientait.

– J'expliquais mon travail au monsieur.

– On n'a pas le temps.

Il l'a pressée jusqu'au maquillage.

– Dites, Henry, c'est vous qui avez déclaré un jour que pour être un bon réalisateur il fallait être un salaud ?

– Je crois bien que oui.

– Vous êtes un bon réalisateur, il me semble.

– Et un salaud, je sais.

– C'est valable aussi pour les actrices ?

– Vous êtes l'actrice la plus naturelle avec laquelle j'ai tourné. Sur un plateau, cela produit des choses que je n'ai jamais vues auparavant. J'ignore comment s'appelle ce miracle, mais cela ne vient certainement pas d'un comportement de salaud. Ne changez rien. Ou plutôt si. Fuyez les journalistes, évitez les photographes, ne signez plus de contrats publicitaires qui bouffent votre énergie et surtout débarrassez-vous de votre coach.

– Natasha [1] ?

– Pourquoi, il y en a d'autres ?

– Euh… non.

– Ne devenez pas comme les autres, Marilyn. Gardez cette spontanéité sur laquelle glissent toutes les techniques. Et continuez de me donner des scènes anthologiques.

Marilyn lui en offrira au moins trois dans *Niagara*.

1. Natasha Lytess, professeur d'art dramatique personnel de Marilyn de 1948 à 1955.

À commencer par la scène d'ouverture où elle apparaît nue sous les draps blancs. Yeux mi-clos, bouche entrouverte, lèvres rouges et humides, elle fume, écrase sa cigarette, ondule, étire les bras, fait semblant de dormir pour éviter le regard de son mari, interprété par Joseph Cotten. La lumière est captée par sa chair diaphane. *The flesh impact.* En quelques secondes, Marilyn a caractérisé son personnage sans prononcer un seul mot. On sait d'emblée qu'elle n'aime pas son mari, que son amour est ailleurs, qu'elle est sournoise et prépare quelque chose de mal.

Elle offrira aussi à Henry la scène culte de son célèbre déhanchement. Hathaway la filme en train de marcher de dos, sans culotte pour ne pas voir l'empreinte de sous-vêtement sous sa jupe serrée. « Marilyn peut rendre n'importe quel mouvement, n'importe quel geste, presque intolérablement suggestif », a-t-il commenté. Ce plan de vingt secondes restera gravé dans les mémoires de cinéphiles. Parmi toutes les actrices qui suivront, il faudra attendre Kim Basinger pour rivaliser sur ce terrain.

S'il fallait citer une troisième scène culte, je choisirais celle où Marilyn entre dans le bar et fredonne *Kiss*. Mélopée envoûtante. La voix sensuelle de la chanteuse se mêle à la gestuelle torride de l'actrice. L'érotisme de la scène a déclenché les foudres des mouvements puritains américains et entraîné la condamnation du film par l'Église.

Le contraste est saisissant avec *Les Désaxés*, écrit par son mari[1]. Celui-ci a prétexté créer le rôle pour elle afin de

1. Arthur Miller, marié à Marilyn de juin 1956 à janvier 1961.

vendre son scénario au cinéma. Quelle hypocrisie ! Cette histoire d'une paumée qui rencontre trois hommes aussi déglingués qu'elle et va chasser avec eux des mustangs destinés à finir en nourriture pour chiens rebutait Marilyn. « C'est un film de mâles ! » s'est-elle révoltée. Elle a demandé à Miller de réécrire le scénario. Mais Huston, qui ne comprenait rien aux femmes, a accepté de le réaliser tel quel. Marilyn refusait d'apprendre les répliques qui flattaient le machisme des personnages. Pour se venger d'Arthur, elle l'humiliait sur le plateau. Elle lui a même envoyé à la figure qu'elle avait couché avec Yves Montand. Il y avait de quoi s'emporter. Autant le personnage de Rose Loomis de *Niagara* était complexe et profond, autant celui de Roslyn Taber des *Désaxés* était niais, sans réflexion ni caractère, juste là pour mettre en valeur trois cow-boys à la dérive. « Une blonde sans réflexion ! » la qualifiait Marilyn.

Le tournage a été une catastrophe. Huston passait son temps à jouer au casino, les acteurs étaient aussi détraqués que leurs personnages, Gable était vieillissant et malade du cœur, Marilyn carburait à l'alcool et aux barbituriques, Montgomery Clift à l'alcool et aux analgésiques. Ce pauvre Monty se laissait mourir à petit feu depuis qu'on avait reconstruit son visage à la suite d'un accident de voiture. « Il est le seul être qui soit encore plus perdu que moi », a avoué Marilyn.

Les Désaxés a sonné la fin d'une époque.

Il a aussi sonné comme un avertissement pour Marilyn.

En neuf ans, elle était passée des chutes du Niagara au désert du Nevada. Transition d'une héroïne charnelle et complexe à une héroïne désincarnée, d'un Technicolor flamboyant à un noir et blanc crépusculaire, d'une succession de séquences d'anthologie à des séquences sans âme, d'un réalisateur génial et perfectionniste à un réalisateur je-m'en-foutiste, d'un film aux succès critique et public retentissants à un échec artistique et commercial, de la naissance d'une icône à son déclin. La seule chose qui n'avait pas changé était l'omniprésence d'un gourou qui gangrenait Marilyn. Ce n'était plus Natasha Lytess à 500 dollars par semaine, mais Paula Strasberg, qui en réclamait 5 000. Cette énorme sangsue noire aux lunettes d'écaille et aux pantoufles de velours, qui trimballait sur les plateaux son gros sac plein de nourriture et de médicaments, ne la lâchait pas.

Quand je pense que *Les Désaxés* ambitionnait d'illustrer la fin de l'ère hollywoodienne et des valeurs fondatrices de l'Ouest américain. Sur ce point, la mission a été réussie.

Un parfum de bergamote s'est répandu dans le bureau et me fait lever le nez. Je bois une gorgée de thé. Il est tiède. Comme l'air à l'extérieur. J'ouvre la fenêtre et noie mon regard dans le vaste désert qui s'éveille avec la nuit. J'ai appris à aimer ces étendues arides.

Nous avons revu récemment *Il était une fois dans l'Ouest*. Le film de Sergio Leone enfonce lui aussi le clou dans le cercueil du western classique. Mais avec plus de maestria que *Les Désaxés*. Fin des cow-boys solitaires, des grands espaces et d'un mode de vie sauvage. Aube d'un nouveau monde et émancipation de la femme dans une société d'hommes.

Marilyn a attendu que surviennent d'autres menaces que celle de sa dégradation pour tourner définitivement cette page de l'Amérique et du septième art dont elle était indissociable.

Le tournage des *Désaxés* s'est achevé le 4 novembre 1960.

Clark Gable décédera d'une crise cardiaque douze jours après.

Deux mois plus tard, Marilyn entrera en hôpital psychiatrique, divorcera d'Arthur Miller et abandonnera le tournage de *Quelque chose doit craquer*. Elle ne fera plus de film.

Après notre fuite, le cinéma passera entre les mains des multinationales et de la télévision. Notre retraite nous épargnera la mort lente des grands studios hollywoodiens.

En 1966, Monty rejoindra Clark dans la tombe.

Fin du grand mythe américain.

6
Violée

– C'est tout pour 2008, déclarai-je.

Je repoussai le carnet tronqué et m'empa-rai du verre de Coca qui se réchauffait. Une mouche virevoltait autour de nous et multipliait les tentatives d'atterrissage sur la table poissée de graisse et de sucre.

– L'auteur de ce journal intime ne peut pas être un ancien coach de Marilyn, constata mon épouse. Tu as vu comment il les considère ?

– Il est omniprésent.

– Pas forcément. Peut-être qu'il n'a partagé avec Marilyn Monroe que les moments qu'il relate dans ses carnets.

– En tout cas, il est là à chaque fois que c'est important.

– Continuons à lire.

J'ouvris le cahier de 2010. Les premières pages étaient maculées de brûlures et de plusieurs ratures. L'auteur relatait ses états d'âme, des souvenirs anecdotiques et son quotidien à la ferme avec celle qui vivait sous le même toit. Leurs journées étaient consacrées à la lecture, la musique, la peinture, l'écriture, la marche, la sieste, l'élevage de poules, l'entretien du potager et du verger. Des activités physiques, intellectuelles, artistiques, manuelles, productives et individuelles. Le couple vivait côte à côte mais accomplissait peu de chose ensemble. Sauf pour la cuisine. Le carnet contenait la description détaillée de leur préparation d'une tortilla espagnole. Épluchage et tranchage de quatre pommes de terre au son de *How many more years*. La compagne du narrateur était nommée « elle », le « monstre » ou « Marilyn », suivant l'humeur du narrateur. Il la décrivait en train de faire rissoler des oignons finement hachés à feu doux dans une poêle.

– Elle a mis le quart d'un litre d'huile ! s'exclama ma femme à la lecture de la recette.

– Au diable le cholestérol et les mensurations de rêve.

– Tu crois vraiment que sa compagne est Marilyn Monroe ? demanda Coco.

– Tant qu'on n'a pas la preuve du contraire, j'aime croire que c'est d'elle qu'il s'agit.

Nous reprîmes la lecture.

Quand les oignons ont commencé à dorer, les deux mystérieux marmitons ont ajouté les pommes de terre et les ont parsemées de trois gousses d'ail émincées. « Elle » cassait les œufs dans un saladier en fredonnant *« I'd feel much better darlin' if you'd just only understand... »* pendant que le narrateur les fouettait au rythme de la musique.

– C'est une chanson de Howlin' Wolf, précisai-je.

– Ils ont l'air de bien s'entendre, là.

– Tu as raison, il n'est plus question de « monstre ».

– Peut-être que ce type n'aime plus sa compagne et qu'il a besoin de l'imaginer en Marilyn Monroe pour la supporter.

– Il se ferait son propre film ?

– On tient le journal d'un fou.

C'était la conclusion qui s'imposait de plus en plus à nous.

L'auteur s'attardait sur l'élaboration du plat. Après avoir mélangé les différents ingrédients aux œufs battus, les deux cordons-bleus ont versé la préparation dans la poêle. Ils ont laissé cuire en chantant, en dansant, un verre de champagne à la main. Quand l'extérieur de la tortilla a commencé à dorer, « Marilyn » l'a retournée. La moitié de l'omelette est retombée en vrac par terre. Elle s'est esclaffée. L'auteur lui a reproché vertement sa maladresse, l'accusant de « tout foutre en l'air à chaque fois ». La félicité de la scène a fait place à la dissension. Le qualificatif de « monstre » a été de nouveau employé. Marilyn s'est retirée, laissant son compagnon manger seul la tortilla en bouillie.

Au fil des pages demeurées intactes, on comprenait que l'autarcie les privait de tout contact avec le monde extérieur et réduisait leur vie sociale à la juxtaposition de leurs deux individualités opposées. Cette situation les rendait inséparables.

À ce stade de la lecture, je me posais de plus en plus de questions sur ces deux personnalités. J'en venais parfois à me persuader que l'une d'elles était vraiment Marilyn Monroe. J'étais de plus en plus intrigué et avide de révélations.

Le journal de 2010 en comptait d'autres.

Extrait n° 5

3 août 2010

En ce moment, les médias se font l'écho du *Daily Mail.* Quarante-huit ans après les faits, un témoin lèverait le voile sur le week-end noir que Marilyn a passé au Cal Neva Lodge une semaine avant « sa mort ». Le témoin en question est Buddy Greco, pianiste de jazz, 83 ans aujourd'hui. Il était présent sur les lieux du drame les 28 et 29 juillet 1962.

Sa révélation est en réalité un pétard mouillé. On apprend que Marilyn Monroe, vêtue de vert et à moitié saoule, avait provoqué un esclandre au Cal Neva Lodge devant Sinatra et ses hôtes avant d'être renvoyée chez elle.

Quelle affaire !

Buddy Greco n'a fait que soutenir la version officielle des événements de ce terrible week-end. Dans quel but ? Créer un buzz autour de son ultime tournée en Angleterre ? enterrer un peu plus la vérité ? polir, comme s'il en avait besoin, l'image inoxydable de son ami Sinatra ? Peu importe. Buddy enfonce des portes ouvertes. Il rapporte ce qu'on a voulu qu'il voie durant la nuit du 28 au 29 juillet au Cal Neva Lodge : une actrice ivre et dérangée, indigne de l'hospitalité du grand Frank Sinatra.

La vérité sur ce week-end n'a jamais été dite car elle annonçait le meurtre de Marilyn Monroe.

N'est-il pas trop tard pour la divulguer ?

Au contraire.

L'indicible horreur des faits souffre d'un recul d'un demi-siècle. J'hésite même encore aujourd'hui à y revenir. Il est 6 heures du matin et il fait déjà chaud. J'ouvre la porte de la véranda pour inviter l'air du matin et un rayon de soleil rampant. Marilyn dort. Elle ne se lève jamais avant 10 heures. Elle passe désormais plus de temps dans les rêves que dans l'éveil. Des rêves moins abominables qu'avant, moins proches de la mort et de la déchéance physique.

J'éteins la télévision et je me lève avec une envie d'écrire proche de la nausée. Dois-je cracher la vérité sur papier comme une réponse à l'enfumage médiatique institutionnalisé ? La volonté de me débarrasser de ce traumatisme me ronge. Je vais sauter le pas, en n'oubliant aucun des protagonistes ni aucun détail sordide qui fit de ce week-end dans le Nevada l'une des pages les plus noires que connut l'Amérique du XXe siècle. Sur tous les livres qui ont narré la vie et la mort de Marilyn, aucun n'a levé le mystère des derniers jours au Cal Neva Lodge, pourtant déterminants. Trop de personnalités étaient impliquées.

Je ne sais pas par où commencer.

Peut-être par l'histoire d'amour entre une enfant souillée et un enfant gâté. Entre une orpheline et un fils à papa. Entre une Norma Jeane rebaptisée Marilyn et un John Fitzgerald surnommé Jack. Entre une fille qui faisait des pipes aux producteurs de Hollywood pour gravir les marches de la gloire et un garçon déjà célèbre qui fricotait avec la pègre pour se faire élire président. Entre une femme qui voulait être désirée par tous les hommes et un homme qui voulait baiser toutes les femmes. Entre deux ego surdimensionnés, deux amants désaxés bourrés de médicaments qui couchaient plus qu'ils ne travaillaient. Entre celle qui sera la star des stars et celui qui sera le maître du monde. Dans un monde de baise, gloire et beauté, ces deux-là étaient faits pour se rencontrer. Même si elle n'était que la cerise sur le gâteau et qu'il n'était que « le Prez », comme elle le surnommait, une idylle s'est nouée. Des sentiments sont nés et des promesses ont été murmurées dans le lupanar du pouvoir.

Mais voilà. Marilyn était trop provocante et trop sexy pour incarner la première dame. Et Jack était trop encadré et trop marié pour l'épouser. L'histoire ne pouvait que se terminer mal. Très mal.

Marilyn et John se retrouvaient secrètement, au gré de leurs déplacements. Dans la maison du beau-frère à Santa Monica, dans une garçonnière de l'hôtel Carlyle à New York, au bord de la piscine de Bing Crosby à Palm Spring ou dans un bungalow du Cal Neva Lodge de Sinatra.

Au terme de la soirée du 19 mai 1962 au Madison Square Garden, où Marilyn a fêté publiquement les 45 ans du Président d'une façon inoubliable, les deux amants se sont donné rendez-vous dans la garçonnière de John. Ils ont couché ensemble pour la dernière fois.

De retour sur le tournage chaotique de *Quelque chose doit craquer*, Marilyn appelait tous les jours la Maison Blanche. Et tous les jours on lui répondait que le Président était occupé. Elle a délaissé le film, ne s'est plus rendue sur le plateau et a perdu pied. La Fox l'a virée et lui a intenté un procès car ses absences venaient de coûter 2 millions de dollars au studio. Sa carrière était dans une impasse. Mais elle n'en avait cure. Elle avait autre chose en tête que de jouer dans le remake d'une comédie puérile de 1939. Elle se sentait rejetée, indésirable, bafouée. Elle ne se lavait plus, errait ivre et déprimée entre les quatre murs de sa villa.

Et puis, comme elle savait si bien le faire quand elle touchait le fond, elle s'est ressaisie.

« Je vais soulever le couvercle de cette grosse poubelle remplie de choses peu ragoûtantes », m'a-t-elle annoncé un beau matin. Elle a menacé de convoquer la presse, de révéler sa liaison avec « le Prez ». Tant qu'elle y était, elle allait dénoncer les ordures qui se tenaient les coudes pour la plomber. Au cœur d'un système qui reliait la présidence, la pègre, le show-business et les services secrets, Marilyn en avait entendu de belles et elle avait tout noté. Sur J. Edgar Hoover, que la mafia faisait chanter à propos de son homosexualité et qui empêchait Jack de la voir. Sur Bobby, qui lui avait fait du gringue et qui était devenu son amant de substitution. Sur la mafia, omniprésente et omnipotente, qui avait financé la campagne de JFK, magouillé son élection et projetait avec la CIA d'assassiner Castro. Sur les pratiques négrières de Hollywood et de ses producteurs tels que Joe Schenck associés à la pègre, blanchisseurs d'argent sale et fournisseurs de filles dans les soirées mondaines. Sur Frank Sinatra, à la solde de cette mafia. Marilyn avait plein de choses à dire au-delà du « poupoupidou » et du *« Happy birthday Mister President »*. De véritables scandales d'État, sous forme de conversations auxquelles elle avait assisté et qu'elle rapportait dans ses cahiers rouges.

Face à la menace très sérieuse, les Kennedy, Hoover, Sinatra et Giancana se liguèrent pour museler cette blonde qui allait leur sauter à la figure. Elia Kazan avait prévenu : « Il y a une bombe en elle. Mettez-y le feu et elle explosera. » Sous son air candide, elle était capable de tout. Elle avait déjà fait plier Darryl Zanuck et mis au pas les grands studios qui s'arrogeaient tous les droits sur les actrices qu'ils avaient sous contrat. La Maison Blanche, le FBI et la mafia ne voulaient pas suivre l'exemple de Hollywood.

Ils avaient l'avantage du nombre. Elle était seule contre tous. Mais il était difficile de couler dans du béton ou de jeter au fond d'un port la star la plus voyante de la planète. Le plan fut donc non pas de lui ôter la vie, mais l'envie de s'agiter et de tout déballer.

Il fallait lui faire peur.

Les frères Kennedy l'ont piégée en lui offrant un week-end au fameux Cal Neva Lodge. Cet hôtel casino appartenait à Frank Sinatra, qui était étroitement lié à la famille Kennedy et à Sam Giancana, successeur d'Al Capone.

Marilyn a décliné l'invitation dans un premier temps. Peter et Patricia Lawford, les inévitables entremetteurs, ont été sollicités pour se montrer très insistants auprès d'elle. Et convaincants. Le Cal Neva Lodge était un lieu huppé où se côtoyait le gotha. Il y aurait des artistes et des producteurs avec lesquels Marilyn pourrait s'allier contre la Fox, qui l'avait humiliée quelques semaines plus tôt en la remplaçant par Lee Remick. Il y aurait aussi Dean Martin, le seul type bien qu'elle eût rencontré dans sa vie. Frank serait là, bien sûr. Il voulait lui parler d'une chose importante. Le chanteur lui avait réservé le bungalow le plus beau, dans la partie VIP du complexe, juste au bord du lac Tahoe.

Frank lui a mis son propre jet à disposition, le *Christina*, luxueux bimoteur lambrissé de bois sculpté, moquetté, équipé d'un piano-bar et d'une salle de bains. Marilyn y est allée à reculons. Son amour était à Washington, pas dans le Nevada.

Elle a beaucoup bu dans l'avion.

Elle savait que Sinatra était de la mafia. S'il voulait la voir, ce n'était pas pour lui chanter une chanson. Marilyn avait peur de ces gens-là. Qui n'en aurait pas eu peur ? Durant le vol, elle a prié le pilote de rebrousser chemin. Il a refusé. Le ton est monté dans la cabine feutrée. J'ai raisonné Marilyn avec des arguments et des médicaments. Cela a été la plus grosse erreur de ma vie.

Marilyn est descendue sur le tarmac moulée de vert dans un pantalon et un corsage Emilio Pucci, un foulard sur la tête et des lunettes noires pour dissimuler l'ivresse et la tristesse qu'elle portait sur elle.

Le chasseur du Cal Neva est venu nous chercher à l'aéroport en limousine. Sur le trajet qui nous menait à Crystal Bay, nous savions qu'il était trop tard pour faire marche arrière. Marilyn a alors demandé au chauffeur de mettre la radio pour se débarrasser de l'angoisse, de la détresse, du chagrin. Redevenir peu à peu la superbe machine magnétique que tout le monde attendait.

Brian Hyland chantait *Sealed with a kiss*. Le titre cartonnait au Top 10.

Lorsque la limousine l'a déposée devant son bungalow, les regards se sont tournés vers la star planquée derrière ses verres fumés. Sinatra était assis en compagnie de Peter Lawford et d'autres personnes. Le maître des lieux lui a présenté ses invités parmi lesquels figurait Buddy Greco, qui s'en émeut encore aujourd'hui. En la saluant, le musicien a rappelé à Marilyn qu'il était au piano lorsqu'elle avait auditionné pour l'orchestre de Benny Goodman en 1948. À l'évocation de ce souvenir, elle s'est jetée dans les bras de Buddy, le seul de la bande enclin à lui donner de la chaleur humaine.

Quelques photos ont été prises pour immortaliser l'instant. Face à l'objectif, Marilyn s'est retrouvée aussi à l'aise qu'un poisson dans l'eau. La fatigue et l'alcool ont fini cependant par la pousser vers son bungalow. Celui-ci était rose bonbon, de la moquette jusqu'aux rideaux. Elle a raflé la bouteille de Mumm plantée dans un seau d'eau glacée, s'est affalée sur le lit, a happé quelques pilules qu'elle a fait glisser avec les bulles, a décroché le téléphone et appelé la Maison Blanche.

– Monsieur le Président est à Hyannis Port, lui a-t-on répondu à l'autre bout de la ligne.

Elle a appelé Hyannis Port.

– Monsieur le Président est occupé.

– Occupé à quoi ? À fourrer une pouffiasse ?

– Monsieur le Président préférerait que vous ne le rappeliez plus, madame Monroe.

– Allez vous faire foutre !

Elle a raccroché et téléphoné à Robert Kennedy. Son secrétariat l'a informée qu'il était en déplacement à Los Angeles.

– L'enfoiré ! s'est exclamée Marilyn. Il m'a attirée dans ce trou du cul du Nevada pour éviter de me croiser à LA. Je dois repartir d'ici.

Malgré ma désapprobation, elle était décidée. Elle a utilisé le combiné qu'elle avait encore en main pour exiger auprès de la réception qu'on la reconduise à l'aéroport. Le réceptionniste lui a assuré qu'il allait lui envoyer quelqu'un. En attendant, Marilyn a vidé une autre coupe, avalé un autre cachet, s'est reversé du champagne, a repris une pilule, a sombré.

La porte s'est ouverte sans qu'on ait frappé. Elle a marmonné qu'on la laisse dormir. Sentant une présence, elle s'est retournée. Des visages au-dessus de son lit tournaient comme de vilains hochets accrochés à un mobile en rotation. Des gueules à jouer dans un film de gangsters se sont adressées à elle. J'ai tout de suite compris qu'il valait mieux que je me planque. À part un gorille aux oreilles décollées qu'on n'avait jamais vu, on connaissait les trois autres mafieux pour les avoir aperçus dans l'entourage de Jack et de Frank. Il y avait Sam Giancana en personne, Skinny D'Amato et « Jimmy Blue Eyes » Alo.

– Fichez le camp d'ici ! a-t-elle ordonné en se relevant maladroitement sur un coude.

Une claque administrée par Giancana l'a recollée à l'oreiller.

– À peine arrivée, tu veux déjà nous quitter ? a-t-il lancé.

– L'endroit est mal fréquenté.

Skinny a tendu à Marilyn une coupe de Mumm après avoir bourré la bouteille de cachets de Nembutal.

– Bois, ça va te rendre aimable. Juste comme on t'aime.

– Je n'ai plus soif.

– Cela ne t'a jamais empêchée de trinquer.

– Quoi, tu veux me saouler pour me faire parler, c'est ça ?

– Au contraire, on veut que tu la boucles.

Il lui a enfoncé le goulot dans la bouche comme un pistolet à essence dans un réservoir trop plein. Elle s'est étouffée. Il s'est énervé, lui a jeté le seau de glaçons au visage, l'a frappée au crâne. La main baladeuse de Jimmy Blue Eyes est venue en renfort l'agripper par le col et tirer d'un coup sec sur le corsage, qui a craqué. Pris de frénésie et d'excitation, les deux hommes ont cogné et étranglé la star encore rétive. Giancana leur a ordonné de calmer leur ardeur. Le parrain a jeté une serviette à Marilyn pour qu'elle s'essuie. Il s'est assis au bord du lit et lui a posé une main amicale sur le tibia.

– Il faut qu'on te briefe, chérie.

– Seuls mes amants peuvent m'appeler « chérie ».

– Cela fait beaucoup de monde.

– Sauf toi.

– Un détail qui peut très vite être rectifié.

– Dans tes rêves.

– Mes rêves ont l'habitude de se réaliser.

– Contente-toi de Judith Campbell[1] et ne vise pas plus haut.

– T'emballe pas, chérie ! Frank, Jack et moi, on s'échange toutes les filles qu'on veut. Frank et Jack t'ont baisée, je vais donc te baiser. Judith est passée dans nos lits mais elle n'a pas eu ta chance. Elle ne deviendra ni une star, ni la première dame du pays. Toi, tu veux les deux. Ce n'est pas possible.

– Ce n'est surtout pas tes affaires.

– Tout ce qui touche aux Kennedy est mon affaire. C'est moi le boss. C'est moi qui ai fait élire ce queutard de Jack. C'est moi qui ai transformé Frank en chanteur à succès. Ils me mangent tous dans la main. Alors, quand j'apprends qu'une actrice veut chambouler ça, ce sont mes affaires.

– Parce que tu penses pouvoir réduire une actrice au silence ? gloussa-t-elle.

– Comme au bon vieux temps du cinéma muet.

– Désolée, les Marx Brothers ne tournent plus.

Trempée et dépenaillée, Marilyn dissimulait la peur et l'ébriété derrière la goguenardise. Giancana s'est levé sans la quitter du regard. Il a fait signe à ses porte-flingues. Les trois hommes l'ont soulevée et fait rouler sans ménagement sur l'épaisse moquette. Le corsage en jersey de soie resta entre les mains du gorille aux oreilles décollées

1. Judith Campbell a tenté une carrière d'actrice sans succès avant de devenir la maîtresse de Frank Sinatra, Sam Giancana et John Kennedy.

comme une chrysalide. Skinny a saisi le Bottin du Nevada et frappé sur le crâne de la star à moitié nue. Jimmy et le gorille l'ont clouée au sol et forcée à finir la bouteille. Marilyn a craché, crié, encaissé les claques, déliré. Bourrée d'alcool, d'anxiolytiques et d'antidépresseurs, elle a dérivé vers un semi-coma au cours duquel des mains maladroites lui ont retiré son pantalon et ses sous-vêtements. On l'a retournée, elle s'est retrouvée à quatre pattes, la voix de Giancana dans son oreille.

– Tu nous appartiens, lui a-t-il murmuré. Comme Judith Campbell et les autres putes de Hollywood.

Giancana a baissé sa braguette et s'est enfoncé entre les fesses de Marilyn.

– Plus efficace qu'un suppositoire de Nembutal ! a-t-il grassement rugi.

Secouée par les hoquets et les coups de boutoir dans les reins, Marilyn a vomi sur la moquette rose. Les porte-flingues se sont esclaffés.

– Au lieu de ricaner, abrutis, prenez des photos. Putain, la nana des Kennedy en train de se faire baiser par la mafia de Chicago ! Putain que c'est bon !

Giancana allait et venait dans le cul de la star en crachant sa haine. Il en oubliait presque le motif principal de sa visite.

– Ces enfoirés de Kennedy qu'on a fait entrer à la Maison Blanche nous chient aujourd'hui dans les bottes. Il est temps de leur rappeler qui tient le manche dans ce pays. On bouffe à leur table, on baise leurs femmes, on encaisse les bénéfices, putain !

Moins à l'aise avec un appareil photo qu'avec un flingue, Jimmy tournait autour du rut en se cognant aux meubles.

– T'arrête pas de mitrailler ! Avec ça, personne ne viendra plus m'emmerder. Et cette salope n'ouvrira plus la bouche que pour tailler des pipes ou réciter les répliques qu'on lui aura écrites à l'avance. Sainte Mère, que c'est bon !

Il s'est signé, a râlé de plaisir et de puissance sous les flashes, s'est retiré et a remonté sa braguette.

– Appelez-moi ce connard de Sinatra, a ordonné Giancana à ses hommes.

Le crooner a rappliqué illico, la cigarette au bec.

– Où est-ce que t'étais, chanteur de mes deux ? s'est exclamé le parrain.

– Vous faites quoi, là ?

– Un Monopoly, ça se voit pas ?

– Qu'est-ce qu'elle a ? a demandé Sinatra en fixant l'épave souillée sur la moquette.

– Le mélange des médicaments et du champagne ne lui a jamais réussi.

– Putain de droguée.

– On a commencé une partouze. Il ne manquait plus que toi. Profite.

– Il faut qu'elle se nettoie la bouche d'abord.

Skinny et le gorille ont traîné la star jusqu'au lavabo pour des ablutions.

– Après ça, elle se tiendra à carreau, a commenté Giancana.

– Ce n'est pas une partouze qui va lui clouer le bec, à cette emmerdeuse.

– Une partouze, non, mais des photos, oui.

Il a désigné du menton l'appareil que brandissait Jimmy Blue Eyes. Skinny et le gorille ont ramené Marilyn et l'ont agenouillée aux pieds de Sinatra.

– Tu pouvais pas rester tranquille, putain ! lui a lancé le crooner.

Il a baissé son pantalon et plaqué le visage trempé de Marilyn contre son bas-ventre.

– Les meilleures pipes de l'Ouest ! a-t-il claironné sur l'air de *The best is yet to come*.

Un flash l'aveugla.

– Putain, qu'est-ce que tu fous ? lança Sinatra à Jimmy, investi dans son rôle de photographe amateur.

– On épaissit le dossier, a répondu Giancana.

Ce dernier s'est confortablement installé dans un fauteuil et a allumé un cigare.

– Tu crois que ça va la calmer, cette folle ? a douté Sinatra.

Il a hurlé en repoussant violemment Marilyn. Le cri était plus proche de celui du castra que du crooner. Il a foncé vers la salle de bains en se tenant l'entrejambe. Les sicaires ont pouffé.

– J'suis pas une folle ! marmonna Marilyn en s'essuyant la bouche d'un revers de bras. À qui le tour ?

Jimmy Blue Eyes, qui ne tenait plus en place, a lâché son appareil et sauté sur elle. Baiser la femme la plus célèbre du monde, même en rêve, il n'aurait pas osé. Et là, tout à coup, elle était à lui. Malgré les risques de morsure et bien qu'elle ne fût pas à son avantage, saoule, souillée, droguée, elle n'en était pas moins Marilyn Monroe. Skinny s'est désapé à son tour pour avoir sa part de blonde platine.

– Profite, toi aussi, Dopey[1], beugla Giancana à l'attention du gorille aux oreilles décollées qui restait debout les bras ballants.

– Je passe mon tour, patron.

– Quoi, t'es pédé ?

– Je me sens pas.

– T'auras pas d'autre occasion de la sauter, ducon.

– Ils sont déjà deux sur elle.

– Alors au lieu de te branler, fais des photos.

Le gorille s'exécuta et s'approcha timidement du viol.

Marilyn ne connaissait que trop bien les méthodes de la mafia. Si elle résistait, elle perdrait complètement le contrôle et serait tuée. Refusant de mourir ce jour-là, elle a accueilli en elle les deux porte-flingues. Elle qui aspirait depuis toujours à s'entourer d'amis était une fois de plus cernée par des chiens qui en avaient après son cul. Ne plus prendre de coups, laisser glisser et s'engourdir lentement vers la perte de connaissance.

Sinatra est ressorti de la salle de bains en geignant.

Giancana fumait dans le fauteuil.

Dopey prenait des photos.

– Putain, elle est forte, la salope, a lancé Giancana au crooner sur le ton de la plaisanterie. Même défoncée, elle lâche pas le morceau.

– Elle a failli me couper la queue, putain !

1. « Simplet » en anglais.

– Arrête de te plaindre, tafiole. On lui a donné une leçon et elle est pas près de moufter. Si ce qui s'est passé dans ce bungalow vient aux oreilles et aux yeux des médias, sa carrière est finie. Tout ce pour quoi elle s'est battue et sacrifiée disparaîtra. Le pire pour Marilyn serait de devenir une Judith Campbell.

– Et les Kennedy, qu'est-ce qu'ils vont en penser ?

– Les Kennedy feront ce que je leur dirai de faire. Si Bobby continue à nous emmerder, je sors ces photos qui éclabousseront sa jolie famille.

Giancana a ordonné à Skinny et Jimmy Blue Eyes de se rhabiller. Il s'est approché de Marilyn. Sa bouche était ouverte sur un filet de bave qui collait sa joue à la moquette. Une lame a jailli d'un couteau dont le reflet a illuminé son œil hagard.

– Dernier avertissement, poupée. La prochaine fois que tu ouvres ta grande gueule, tu passeras un moment moins agréable. Ta carrière s'arrêtera net. On n'engage pas une actrice borgne qui fait dans le porno, même si elle est blonde.

Ils ont évacué les lieux. Sinatra, encore bouillant et larmoyant, est revenu sur ses pas et a pissé sur le corps inerte de Marilyn.

– Tu l'as bien cherché, salope.

Après avoir entendu la porte claquer, elle s'est traînée jusqu'au téléphone et a appelé son ex-mari. Costaud, obtus et encore amoureux d'elle, Joe DiMaggio était l'homme de la situation. L'ancien champion de base-ball a débarqué furieux au Cal Neva Lodge et a demandé à voir Marilyn. Mais le service d'ordre musclé de l'hôtel lui a interdit l'accès à la zone VIP. Joe est reparti sans avoir vu celle qu'il était venu sauver. Il avait réussi à l'arracher une fois à l'asile psychiatrique mais pas aux griffes de la mafia. Amer, il déclarera plus tard : « Sinatra n'aurait pas dû toucher à Marilyn. » Une phrase qui marquait la limite de ce qu'il pouvait dire sans représailles.

La journée du samedi 28 juillet au Cal Neva Lodge s'est déroulée jusqu'au dîner sans que personne se soucie de ce qu'était devenue Marilyn Monroe.

Celle-ci réapparaîtra le soir au dîner.

C'est ici que le témoignage de Buddy Greco colle aux faits.

Après son concert à l'hôtel, le chanteur avait rejoint la table de Sinatra et de ses invités. L'ambiance était à la fête et à la détente. Ici, on venait refaire le monde sur un air de jazz autour de crustacés arrosés de vins millésimés.

Soudain un silence glacial est tombé sur la salle. Tous les regards se sont braqués vers l'entrée. Marilyn se tenait là, chancelante et superbe. Saoule et provocante. Du moins c'est l'image qu'elle renvoyait aux convives qui étaient loin de se douter de ce qu'elle avait subi quelques heures auparavant. À l'issue du viol en réunion, elle s'était dissoute dans son bain puis maquillée et habillée. Elle avait choisi une tenue verte similaire à celle qu'elle portait à son arrivée, comme pour remonter le temps et effacer le drame vécu dans le bungalow.

– Putain, qu'est-ce que vous regardez tous comme ça ? a-t-elle lancé à l'audience médusée.

Le regard bleu nuageux de Marilyn fixait le regard bleu glacial de Sinatra. Les convives guettaient la réaction de leur hôte. Elle n'a pas tardé à venir. Sinatra a ordonné à son garde du corps d'emmener la perturbatrice loin d'ici. Coochie s'est exécuté à la seconde et l'a jetée sans ménagement sur son épaule en direction de la piscine déserte à cette heure avancée de la nuit. Avait-il reçu d'autres consignes ? Je n'ai pas attendu de savoir si le plan était d'en finir avec elle une bonne fois pour toutes. J'ai sommé Coochie de la lâcher. Mais face au cerbère je n'étais pas de taille. Un coup de poing à la tête lui a suffi pour m'étourdir. Lorsque j'ai repris connaissance, il posait Marilyn au bord du bassin. Par miracle, Buddy les avait suivis. À sa vue, Coochie s'est éclipsé comme un voleur. Marilyn fixait le ciel étoilé et se balançait d'avant en arrière sur une margelle. J'ai voulu intervenir pour l'empêcher de terminer au fond de l'eau mais j'étais au ralenti à cause de mon crâne endolori. Buddy a été plus rapide. Il a posé fermement une main sur son épaule et l'a éloignée d'une noyade qui aurait été classée comme accident ou suicide. Buddy ne s'était pas aperçu de ma présence. J'ai préféré rester dans l'obscurité et le laisser gérer la situation. Il parviendrait peut-être plus facilement que moi à convaincre Marilyn de la jouer profil bas.

– Qui êtes-vous ? a-t-elle bégayé.

Le musicien s'est rendu compte qu'elle était droguée et en détresse.

– Buddy Greco. On s'est vus cet après-midi.

– Ah oui, le pianiste.

– Vous allez bien, madame Monroe ?

– Non.

– Il faut vous reposer.

– J'ai mal.

– Où ça ?

– Partout.

– Est-ce que je peux vous aider ?

– Non.

Elle était blanche comme une morte. Son timbre de voix atone et le tangage de son corps accentuaient son apparence spectrale.

– Parlez-moi, cela vous fera du bien, a proposé Buddy.

– C'est gentil, mais vous ne me croirez pas et vous deviendrez méchant vous aussi.

– Allons, allons, ne dites pas de sottises.

– Ils sont en train de me tuer.

– Quoi ? Qui ça ?

– Tous.

Buddy a jugé bon de tempérer ce qu'il prenait pour de la paranoïa.

– Vous ne risquez rien ici. Vous n'avez que des amis et des admirateurs.

– Vous voyez bien que vous ne me croyez pas !

– Pourquoi voudrait-on faire du mal à quelqu'un comme vous ?

– Est-ce que vous demandez à un chien pourquoi il veut vous mordre ?

– Vous mettez les gens et les chiens sur le même plan ?

– Non, les chiens, eux, ne m'ont jamais mordue.

Elle a basculé vers l'avant. Buddy l'a rattrapée pour lui éviter de tomber et de se fracasser sur le sol. Elle ne tenait plus debout. Il l'a raccompagnée à son bungalow en la soutenant. Un réverbère illumina le visage de Buddy exprimant la fierté d'être au bras d'une icône et l'amertume de n'en traîner que l'épave alcoolique.

– Non, dit-elle.

– Quoi, non ?

– Pas au bungalow. Ils vont m'assassiner.

– Vous l'avez déjà dit, mais c'est dans votre tête. Vous ne risquez rien, ici. En plus, vous séjournez dans la zone la plus sécurisée.

– Vous ne comprenez rien, Buddy. Et c'est tant mieux pour vous.

– Je ne vous laisserai pas passer la nuit dehors.

Il l'a soulevée dans ses bras pour effectuer les derniers mètres et franchir le seuil de la chambre. Il n'avait pas besoin d'aide. Marilyn était légère, au plus bas du yo-yo pondéral, qui oscillait entre 50 et 70 kilos selon les périodes. Elle avait entamé un régime pour afficher sa minceur lors de la fameuse scène de la piscine dans *Quelque chose doit craquer* qu'elle avait décidé de tourner nue. Son idée était d'orchestrer la fuite parcimonieuse des photos de plateau vers les journaux insatiables afin de rappeler à la Fox à quel point son aura de star était intacte.

– Bon sang, qu'est-ce qui s'est passé dans cette pièce ? s'est étonné Buddy.

La salle de bains était restée allumée et éclairait le désordre de la pièce principale. Buddy a marché dans une tache de vomi et heurté une bouteille vide.

– Cet hôtel est pourri, a répondu Marilyn.

Il l'a posée avec précaution sur le lit et a tiré une couverture sur elle pour qu'elle ne prenne pas froid.

– Le meilleur remède est une nuit de sommeil.

– J'ai peur de fermer les yeux sur ce monde effroyable, a-t-elle avoué.

– Justement, de doux songes vous attendent hors de ce monde qui vous terrifie.

– Je vais rêver de choses encore plus terribles… que personne n'a jamais osé imaginer… à part Goya.

– Vous délirez, Marilyn. Ne pensez plus à rien et laissez-vous aller.

– S'il vous plaît, Buddy. Restez près de moi.

Indépendamment du magnétisme qu'elle exerçait sur lui, le musicien avait de la sympathie pour la comédienne, même si elle avait perturbé la soirée de son ami Frank Sinatra. Buddy savait que Marilyn était intervenue en faveur d'Ella Fitzgerald auprès du propriétaire du Mocambo sur Sunset Boulevard. Le célèbre night-club réservé aux Blancs refusait de produire Ella parce qu'elle était noire. Marilyn avait alors proposé de s'asseoir à la table du premier rang chaque soir où Ella chanterait, ce qui ferait une publicité d'enfer pour le club. Qui pouvait refuser une telle proposition ? La presse en avait fait ses choux gras et Ella n'avait plus eu à se produire dans des petites salles réservées aux Noirs.

– Restez, Buddy, a-t-elle insisté dans un état second.

– Je suis là.

– Fredonnez-moi une de vos chansons.

Buddy s'est raclé la gorge et a chanté *Around the word* a cappella :

Around the world I've searched for you
I traveled on when hope was gone
To keep a rendez-vous
I knew somewhere, sometime, somehow
You'd look at me and I would see
The smile you're smiling now

– Vous êtes chou, Buddy.

– Donnez-moi un sourire en échange.

Elle a étiré ses lèvres carmin dans un rayon de lumière pâle venu de l'extérieur, mais ce n'était pas un vrai sourire.

Malgré la quantité d'alcool et de pilules qu'elle avait ingurgitée, elle ne parvenait pas à sombrer. Elle a demandé des somnifères. Buddy s'y est opposé.

– Je reste jusqu'à ce que vous vous endormiez.

– Vous connaissez une berceuse ?

– Habituellement, je ne chante pas pour endormir les gens.

Tout en fixant le reflet d'argent du seau à champagne qui avait roulé par terre, elle a murmuré un de ses poèmes d'une voix atone :

Here goes
Good night
Sleep tight
And sweet repose
Wherever you lay your head
I hope you find your nose

Pour rien au monde je n'aurais interrompu ce moment d'accalmie. J'ai attendu que Greco l'abandonne dans un demi-sommeil sur la pointe des pieds. Il s'est dirigé vers la porte qu'il avait laissée ouverte et s'est heurté à deux hommes sur le palier. Il a reconnu Skinny D'Amato et Jimmy Alo.

– Laisse-nous passer.

– Elle dort.

Skinny a écarté Buddy comme un factotum.

Ils sont entrés dans le bungalow.

– Putain, elle est où ?

Dans leur dos, Buddy fixait d'un air ahuri la couverture froissée. Les deux types ont inspecté la salle de bains, regardé sous le lit, dans le dressing, même dans les tiroirs de la commode.

– C'est quoi, l'embrouille ? a gueulé Skinny.

– Tu disais qu'elle dormait ? a demandé Jimmy à Buddy.

– Je viens de lui parler, elle… elle dormait.

– Tu lui parlais pendant qu'elle dormait ?

– Non, pas en même temps.

– Comment t'expliques qu'on ne la voie pas ?

– J'en sais rien, moi. Pourtant j'ai pas rêvé.

Ils ont dû se rendre à l'évidence que Marilyn avait disparu.

7
Exploitée

– Où est-elle passée ? voulut savoir mon épouse.

– J'en sais rien.

Je relus la dernière phrase. Marilyn avait disparu. Comme le reste du cahier. L'année 2010 se terminait sans autre explication. Ce que nous venions d'apprendre me privait soudain de vocabulaire :

– Ça craint.

– Tu te rends compte, le narrateur a assisté au viol sans intervenir. Il n'a pas levé le petit doigt ni même essayé de chercher de l'aide.

– Il a eu la trouille. Giancana et ses hommes faisaient peur à tout le monde, y compris à Sinatra et à Marilyn. Plutôt que de dérouiller, il a préféré se planquer.

– On se demande où d'ailleurs.

– Peut-être dans la douche ou dans le dressing. Il lui était impossible d'appeler à l'aide vu qu'à l'époque le téléphone portable n'existait pas.

– S'il en avait eu un, ce type aurait filmé le viol !

– T'énerve pas, bébé. Où aurait-il pu trouver des secours ? On est dans un hôtel en plein désert squatté par la mafia. Regarde comment DiMaggio, qui n'était pas un minus, s'est fait refouler. Même si Marilyn avait trouvé une âme charitable, personne ne l'aurait crue. Buddy Greco en est un exemple. Il l'a prise pour une alcoolo complètement parano.

Je tournai le carnet dans tous les sens comme si des réponses allaient en jaillir. Je ne récoltai qu'une odeur de brûlé et des doigts noircis par la cendre.

– La douche ou le dressing ? demanda Coco.

– Quoi ?

– La cachette de notre type : la douche ou le dressing ?

– Il n'y en a pas 50 000 dans un bungalow, même luxueux.

– Non, mais ce doit être une bonne cachette parce que les mafieux n'ont jamais vu notre témoin ni réussi à retrouver Marilyn.

– Le mystère de la chambre rose ! m'exclamai-je.

– Une autre issue expliquerait tout.

– Ou un double-fond dans le dressing.

– Le Cal Neva a dû être rénové depuis 1962. Inutile d'aller vérifier sur place.

– Le meilleur moyen de remonter le temps est d'aller sur Internet.

– Tu crois qu'ils ont ça ici ?

J'ai arraché le barman à sa lecture d'Edogawa Rampo. Selon lui, le cybercafé le plus proche était situé à l'entrée de Church Rock.

Une demi-heure plus tard, nous poussions la porte du Joe's Web Café. Un jeune Indien au look de geek nous accueillit comme si on était des habitués. Il nous demanda nos prénoms et nous attribua l'un des six ordinateurs. Nous étions les seuls clients.

Je tapai sur Google les mots « Marilyn », « Sinatra », « Cal Neva Lodge » et tombai rapidement sur des articles de presse et des blogs de passionnés qui évoquaient le dernier week-end de Marilyn dans le Nevada. Tout le monde s'accordait à écrire que la star avait passé deux jours cauchemardesques. Certains évoquaient une partouze forcée en présence de Sinatra et de Giancana, des photos qui avaient circulé avant d'être détruites, un départ précipité de Marilyn le lendemain.

Un journaliste décrivait en détail les aménagements du Cal Neva Lodge. Il mentionnait l'existence de tunnels creusés sous l'hôtel reliant l'héliport, la salle de spectacle, le bureau de Sinatra et quelques bungalows dont le n° 3 alloué à Marilyn et le n° 5 réservé au crooner. On accédait secrètement à ces bungalows par le placard !

Marilyn et son mystérieux acolyte avaient donc échappé aux sicaires de Giancana en empruntant les galeries souterraines qui permettaient à ces mêmes mafieux de circuler sans être remarqués.

J'ai imaginé la suite. Marilyn s'était éclipsée par le placard de sa chambre et avait filé dans le tunnel menant à l'héliport. Ma partenaire douta :

– Toute seule ?

– Elle a bénéficié de l'aide de son indissociable complice, l'auteur de ce journal. Une fois dehors, ils se sont débrouillés pour regagner Los Angeles.

– En hélicoptère ?

– J'en doute.

– Dans la nuit ? en plein désert ? sans sa limousine ?

Nous avons essayé d'en savoir plus sur la région. En quelques clics, nous avons appris que l'hôtel était situé en territoire Washoe. Il n'était pas inconcevable que Marilyn et son complice se soient réfugiés dans une des nombreuses tribus indiennes essaimées dans cette partie du Nevada.

– Cette histoire est rocambolesque ! s'exclama Coco. Des passages secrets, des tunnels, des tribus indiennes. La suite, c'est quoi ? Marilyn s'est enfuie au galop sur un cheval ?

– Sûrement pas.

– Pourquoi ?

– Parce qu'elle a été rattrapée. Regarde.

J'étais tombé sur une compilation d'extraits de *Goddess : the Secret Lives of Marilyn Monroe*, d'Anthony Summers, *The Assassination of Marilyn Monroe*, de Donald Wolfe, *Victim : the Secret Tapes of Marilyn Monroe*, de Matthew Smith, et *RFK : a Candid Biography of Robert F. Kennedy*, de David Heymann.

Nous fîmes la synthèse de ces extraits qui abordaient le retour précipité de Marilyn à Los Angeles. Le pilote du jet de Sinatra, un certain Frank Lieto, a été rappelé au Cal Neva Lodge en urgence l'après-midi du dimanche 29 juillet 1962. Marilyn a été évacuée à bord du bimoteur *Christina*. Selon les témoins, elle était ivre morte.

– Ivre morte pour la version officielle, précisa ma partenaire pas dupe.

– Droguée pour la version officieuse.

La comédienne était escortée par Peter et Patricia Lawford.

– Son coiffeur était du voyage, remarquai-je.

– Un coiffeur ? Est-ce que cela ne pourrait pas être notre narrateur ?

– Possible. Quand on voit comment il défend Marilyn, on peut exclure qu'il s'agisse d'un garde du corps. Mais son nom n'apparaît pas. Il n'est pas dit non plus s'il y avait d'autres passagers.

Le *Christina* a fait une escale à San Francisco et Patricia Lawford a abandonné tout le monde pour prendre un vol commercial en direction de la côte Est.

– Étrange décision, notai-je.

– Elle n'appréciait peut-être pas le rôle de larbin que ses frères faisaient jouer à son mari.

Les autres passagers ont décollé pour Los Angeles. Selon les témoignages, Peter Lawford était saoul et ne cessait de s'engueuler avec le pilote. Il voulait absolument atterrir à Santa Monica, bien que l'aéroport fût fermé même pour le beau-frère du Président ! Frank Lieto a tenu bon et atterri finalement à Los Angeles vers minuit. Marilyn était pieds nus, débraillée, dans un sale état. Lieto a rechaussé la Cendrillon dépravée et l'a jetée sur la banquette d'une limousine qui l'a ramenée chez elle. Il a ensuite conduit lui-même Peter Lawford à sa maison du bord de mer. Mais avant d'arriver chez lui, Lawford a insisté pour passer un coup de fil d'une cabine publique. La communication a duré vingt minutes.

À qui Lawford a-t-il téléphoné en secret et en pleine nuit ? La réponse devenait simple quand on apprenait que la Maison Blanche avait reçu un appel à peu près à la même heure. De son côté, Marilyn a contacté le ministère de la Justice dès son retour.

– Ça sent les comptes rendus, dis-je.

– Et les règlements de comptes, ajouta ma partenaire sur la même longueur d'onde.

– Ce jour-là, on n'est plus qu'à six jours de la disparition de Marilyn.

– Sa dernière semaine a dû ressembler à un enfer.

D'après ce que nous pouvions lire dans la presse de l'époque, la Fox était revenue sur ses menaces de remplacer Marilyn. Le studio lui proposait même un nouveau contrat plus avantageux. Les photos de nu qui avaient filtré du plateau de *Quelque chose va craquer* avaient produit l'effet qu'elle souhaitait. Jean Negulesco allait remplacer George Cukor à la réalisation. La reprise du tournage était prévue pour octobre. L'avenir professionnel souriait à Marilyn, qui ressuscitait une fois de plus. Mais une phrase dans l'interview qu'elle a accordée au magazine *Life* du vendredi 3 août contenait un bémol lourd de sens : « Vous ne savez pas ce que c'est que d'avoir tout ce que j'ai et de vivre sans amour, sans bonheur », déclarait-elle. Aveu des limites de son omnipotence.

– Deux possibilités s'offraient à elle, déduisis-je. Le suicide pour mettre fin à la douleur incurable d'une vie sans bonheur. Ou l'abandon du pouvoir responsable de son malheur.

– Le dimanche 5 août au matin, Marilyn Monroe est déclarée morte. Officiellement, elle a opté pour la première solution.

Les carnets que nous détenions contredisaient la version officielle. Il était temps d'attaquer la lecture du dernier, qui datait de 2012. La suite de ces confessions explosives allait-elle enfin nous renseigner sur l'identité de son auteur ?

Nous nous sommes installés à une table du café qui jouxtait la salle des ordinateurs. Pas question de continuer vers Fort Wingate tant que nous n'aurions pas tout lu.

L'Indien nous servit un café et un thé glacé puis s'empressa d'accueillir un nouveau client, un touriste belge égaré.

Les premières pages exploitables du carnet nous ramenèrent au 1er juin 2012. Cela commençait par l'anniversaire de Marilyn.

Extrait n° 6

1er juin 2012

Aujourd'hui, c'est l'anniversaire de Marilyn. 86 ans ! Nous le célébrons avec une soupe de poulet aux boulettes de *matza*. Elle tient la recette d'Augusta, la mère d'Arthur. En épousant Miller, Marilyn s'est non seulement convertie au judaïsme mais aussi initiée à la cuisine juive. Nous mangeons en silence. J'ai mis un disque pour animer le repas : la BO de *Blow-up* composée, dirigée et jouée par Herbie Hancock.

Je lui souhaite un joyeux anniversaire sans lui faire l'affront de chanter. Marilyn souffle une bougie que j'ai délicatement plantée sur une *soufganiya*[1].

Soudain elle parle, me gratifiant de quelques mots pour l'occasion. Plus que la célébration de ses 86 ans, ce court échange est un événement.

– Fêter un anniversaire, c'est se réjouir de mourir, marmonne-t-elle.

1. Beignet frit, fourré de confiture et recouvert de sucre.

L'étonnement d'entendre sa voix me fait relever la tête et réagir :

– C'est se réjouir de vieillir !

– C'est la même chose.

Elle mord dans la douceur du beignet. J'insiste :

– Pas du tout. Vieillir, c'est vivre. C'est même le meilleur moyen qu'on ait trouvé pour repousser la mort. Ça et les progrès de la médecine.

– Pour les gens, je n'ai pas vieilli.

– Ne pense plus à ce que tu as laissé derrière toi.

– Personne ne voit mes rides, ni ma personnalité, ni le visage que j'ai fabriqué.

– Si, moi.

– Toi, tu ne comptes pas.

– Merci.

– Excuse-moi, ce n'est pas ce que je voulais dire.

Elle se tait et se renferme. Retour à notre solitude. Pendant ce temps, le monde, et en particulier la France, s'apprête à fêter la Marilyn Monroe de 36 ans, à en célébrer la mort, plus mythique que sa naissance. Un jubilé ! Une vingtaine d'ouvrages ont déjà été publiés pour la circonstance. Une exposition à l'Opera Gallery à Paris lui rend hommage jusqu'au 17 juin. Elle est intitulée *« I want to be loved by you »*, comme si on pouvait ne pas l'aimer. Une trentaine d'artistes contemporains de toutes nationalités, des artistes de *street art* aux photographes de renom, ont été sollicités et inspirés par la muse inoxydable. Marilyn Monroe, sujet inépuisable aux mille facettes, est illustrée dans toutes les techniques, huile sur toile, lithographie, pochoir, encre indélébile, tirage argentique, technique mixte sur toile ou plexiglas, collage, acrylique sur bois ou sur inox et même en cartes postales, en badges, en morceaux de disques vinyle ou en cintres ! Rien que les titres des œuvres sont suggestifs :

Enigmatica Marilyn
No Illusions
Marilyn & John
Help
The Freakshow of Love
Une icône inaltérable
Angel and the Dark Soil
Smack My Bitch Up
Che, Marilyn, Kennedy
Boo Boo Bee Doo
etc.

Parmi les hommages de l'année, est édité un livre contenant 14 dessins que Marilyn a jetés sur la page, au fusain, à la gouache et à la sanguine. Esquisses fluides captant l'instant, l'émoi, l'évanescence, dans l'esprit des haïkus. Elle les avait produites en 1955 à New York : corps nus enlacés, silhouettes solitaires, coupe de champagne. Un éditeur français a décroché les droits de les publier en courtisant Anna Strasberg, qui en avait la propriété. Comme cela ne suffisait pas pour remplir un bouquin, on a ajouté sept photos prises par Joshua Logan, le réalisateur de *Bus Stop*.

Deux ans auparavant, le même éditeur avait publié quelques poèmes, lettres et extraits de journaux intimes que

Marilyn avait abandonnés derrière elle. La blonde suicidée était aussi une poétesse ! La folle avait un cœur, un cerveau et même une âme ! On avait oublié qu'elle avait commencé en 1954 un recueil autobiographique d'une incroyable acuité, avec la collaboration de Ben Hecht, le plus grand scénariste de tous les temps. Marilyn courtisait les muses mais on préférait la voir les incarner, inspirer les vrais artistes, de Willem De Kooning à Cindy Sherman en passant par Andy Warhol et Salvador Dalí. Il aura fallu quarante-huit ans pour que l'inspiratrice accède au rang d'auteur, même si les raisons sont plus mercantiles qu'artistiques. On a édité les pensées d'une star en miettes sous le titre de *Fragments*. Astucieux. En préface, l'écrivain Antonio Tabucchi réhabilite Marilyn : « À l'intérieur de ce corps vivait l'âme d'une intellectuelle et poète dont personne n'avait le soupçon. » Tabucchi parle même d'une « Joconde contemporaine ».

Qu'ont révélé ces écrits oubliés dans sa fuite ? L'angoisse de décevoir, de ne pas être à la hauteur, de finir folle comme son ascendance. La peur du regard d'autrui. « L'enfer, c'est les autres », disait Jean-Paul Sartre, cet écrivain français qui considérait Marilyn comme la plus grande actrice vivante et rêvait de la voir incarner le personnage principal de *Freud passions secrètes*, dont il avait écrit le scénario.

Marilyn ou l'existentialisme hollywoodien.

Le succès de *Fragments* encouragerait d'autres initiatives de ce genre. On allait creuser, déterrer, explorer, extrapoler, exploiter le filon. La publication des dessins, intitulée *Girl Waiting*, en est une illustration.

Marilyn actrice, chanteuse, danseuse, poète, peintre.

La blonde écervelée cumulait les talents artistiques.

Ma fille m'a souvent parlé de la théorie de Howard Gardner sur les intelligences multiples. Elle s'y est intéressée de près en tant que psychiatre et s'est servie de ces travaux pour analyser Marilyn. Ses nombreux entretiens avec elle à la ferme lui ont permis de dresser le profil d'une personne sensible à son environnement, aimant apprendre et s'améliorer, apte à se lier avec tout le monde, à manipuler le langage à l'oral comme à l'écrit, à examiner les causes et les conséquences des faits, à penser en images, en rythme et en mélodies, à utiliser son corps pour s'exprimer, à pratiquer l'introspection avec au besoin une aide extérieure. Elle en a conclu que Marilyn réunit les huit formes d'intelligence : interpersonnelle, intrapersonnelle, linguistique, logique, musicale, spatiale, kinesthésique et naturaliste. Malgré ou à cause de son esprit malade, Marilyn posséderait un cerveau plus développé que celui d'Einstein !

Ce n'est pas un hasard si elle brille au firmament.

On prévoit la publication d'une sélection d'archives personnelles. On fouille dans ses affaires comme s'il s'agissait d'un site archéologique. Il existe 10 000 documents que ses gouvernantes, ses assistantes, ses secrétaires gardaient comme des reliques.

Marilyn continuera d'être exposée dans les musées et dans les livres, mais aussi dans les médias à sensation et sur le packaging des produits de consommation.

L'exploitation est lucrative.

Tout ça à cause d'une femme : Anna Strasberg.

Lorsque Lee Strasberg, le gourou de l'Actors Studio, est décédé en 1982, sa veuve et seconde femme Anna s'est retrouvée à la tête de la majeure partie de l'héritage Monroe. Quelques mois seulement après les funérailles de son mari, Anna Strasberg a lancé son entreprise de licences et de publicité utilisant la marque et l'image de Marilyn. De fructueux contrats ont été signés avec des enseignes de grands magasins, des marques d'alcool, de parfum, de cosmétiques, de chaussures de sport...

J'ai fait le compte.

Le label « Marilyn Monroe » a rapporté près de 8 millions de dollars à Anna Strasberg entre 1983 et 1993. En 1996 elle s'est associée à Mark Roesler, dont la société CMG gérait les droits d'exploitation des photos de célébrités. Les années suivantes, 700 contrats industriels et publicitaires ont utilisé l'image de Marilyn et misé sur son sex-appeal. La star était représentée sur des centaines de milliers d'objets et gadgets, des jetons de casino aux bouteilles de vin en passant par les queues de billard. Tout et n'importe quoi ! Elle figurait même sur des préservatifs et une ligne de vêtements pour chiens ! Anna Strasberg a rentabilisé sans vergogne l'image de Marilyn et l'a dégradée. Entre 1996 et 2000, Mark Roesler lui a versé plus de 7 millions de dollars de droits. Mais cela ne lui suffisait pas. Avide de royalties, Anna Strasberg a cherché à récupérer les 25 % de la succession qui avaient échappé à ses griffes et échu à Marianne Kris, la psychiatre de Marilyn. En 1999, elle a mis aux enchères les affaires personnelles de la star chez Christie's à New York, soit à peu près 1 000 pièces dont la robe transparente portée au gala du Madison Square Garden. La vente lui a rapporté plus de 13 millions de dollars. Insatiable, Anna Strasberg a aussi attaqué les photographes pour obtenir 90 % des accords de licence et essayé de faire modifier la législation qui n'était pas en sa faveur. En 2011, elle a rompu son contrat avec CMG pour vendre ses droits à la société ABG. J'ignore le montant de la transaction mais certains parlent de 50 millions de dollars !

ABG a mis en place une nouvelle stratégie autour de l'image de Marilyn en capitalisant sur l'élégance et le glamour. On a lancé une joaillerie Marilyn avec Chopard, des parfums, de la lingerie, des articles de mode. Dolce & Gabbana a commercialisé des tee-shirts à son effigie à 200 dollars pièce. Scarlett Johansson a posé en Marilyn pour une ligne de cosmétiques. Le mythe a été décliné en films, en séries télévisées, en émissions de téléréalité, en livres, en couvertures de magazine. Les studios travaillent actuellement sur une Marilyn virtuelle en 3D. Un hologramme permettra un jour de lui faire jouer de nouveaux rôles.

Le gisement n'est pas près de s'épuiser. Les millions continueront de jaillir sans que ni Marilyn ni moi n'en percevions le moindre cent.

Peu importe, l'argent n'a jamais été notre moteur. Encore moins aujourd'hui.

À ce trésor, il manque l'indicible vérité que Marilyn a emportée avec elle et dont je suis l'unique dépositaire depuis qu'elle a décidé de s'enfermer dans un mutisme irrévocable.

C'est par cette constatation et un brin de vaisselle que se conclut cette journée d'anniversaire.

8

Enfermée

– Il a une fille, souligna mon épouse.

– Qui ça, l'auteur du journal ?

– Oui, sa fille est psychiatre et elle a classé Marilyn dans les surdouées.

– Une surdouée à 50 millions de dollars.

– À qui profite le crime ?

– Quel crime ?

– Celui de Marilyn Monroe.

– Elle n'est pas morte, bébé.

– Pour le reste du monde, elle l'est depuis le 5 août 1962. Et dans le cortège funèbre, les requins avaient manœuvré pour être sur son testament.

– Il semblerait que les Strasberg et une certaine Marianne Kris en soient les heureux bénéficiaires.

– Des manipulateurs selon ce journal.

– Lee Strasberg voulait que Marilyn soit sa créature.

– Tu avais déjà entendu parler de ce Strasberg ?

– Oui, répondis-je, me coulant dans la peau du cinéphile. Il s'est inspiré de l'enseignement de Stanislavski pour créer sa technique sur le jeu dramatique qu'il appellera « la Méthode ». Il a intégré l'Actors Studio comme directeur artistique et cherché à tirer la couverture à lui. Il voulait s'imposer face à Elia Kazan, qui était l'un des fondateurs de l'école. Le problème pour lui était que les célébrités du moment étaient deux élèves de l'Actors Studio qui ne suivaient pas ses cours. Marlon Brando était celui de Stella Adler et triomphait dans *Sur les quais*, d'Elia Kazan. Et James Dean, qui avait fui l'enseignement tyrannique de Strasberg, est devenu une star dans *À l'est d'Éden*, du même Elia Kazan. Strasberg avait besoin d'un acteur de poids pour rivaliser avec ces géants et prendre l'ascendant sur Kazan. Marilyn Monroe est arrivée au bon moment. Elle est devenue sa star comme Brando et Dean étaient celles de Kazan. Il en tirera tous les lauriers.

– Sur quoi reposait sa méthode ?

– La technique est proche de celle des psychiatres. Elle pousse l'acteur à fouiller dans son passé et à en dramatiser certaines périodes pour exprimer son potentiel tragique. Quand on connaît l'enfance malheureuse de Marilyn, on imagine les dégâts qu'un tel enseignement a pu provoquer chez elle et l'emprise que Strasberg avait sur elle.

– Lee Strasberg n'avait donc aucun intérêt à tuer la poule aux œufs d'or.

– Quand Marilyn a commencé à être ingérable, il a probablement envisagé un plan B.

– Un plan B ?

– À défaut de gérer l'actrice, il espérait peut-être gérer sa succession.

Je feuilletais les pages suivantes du journal lorsque mon regard s'est posé sur le mot *testament*.

– À mon avis, on ne va pas tarder à en savoir plus, dis-je en reprenant la lecture.

Extrait n° 7

4 juillet 2012

Je ne sais pas si mon état est dû à l'imminence de la mort, mais j'éprouve de plus en plus le besoin de me confesser. D'oser dire la vérité avec Dieu pour confesseur. Je le fais au rythme des vinyles de rhythm and blues, de rock and roll, de soul qui se succèdent sur la platine. J'ai toujours eu la conviction que non seulement la musique était bonne pour les neurones, mais qu'elle nous rapprochait de Dieu et participait au transport de nos pensées vers Lui.

Ce matin je commence la journée par *I'll play the blues for you*, du grand Albert King, qui a apaisé notre solitude pendant tant d'années de sa voix grave, lente et posée.

If you're down and out and you feel real hurt
Come on over to the place where I work
And all your loneliness I'll try to soothe
I'll play the blues for you

Sam apporte ce matin un paquet de farine et quelques conserves. Il veut surtout nous inviter à la célébration de la fête nationale. La nation navajo a organisé des animations à Window Rock. Des rodéos, des concerts, des défilés, des stands d'artisanat, un feu d'artifice. Je sais que Marilyn ne voudra pas y mettre les pieds. Elle a perdu le goût des choses futiles.

Sam juge que nous n'allons pas bien. Je nourris des idées morbides de bon matin et Marilyn dort moins bien ces derniers temps. Encore ces nuits qui ne servent à rien ! Elle a brûlé les heures noires en relisant *Hamlet*. Sam lui conseille depuis longtemps de tenter une nouvelle cérémonie thérapeutique. Les *blessingways* lui ont fait beaucoup de bien. Allongée pendant neuf jours et neuf nuits sous une tente elle avait été soignée par des chants et des peintures de sable adaptés au mal qui la rongeait. Mais Marilyn refuse de se soumettre à un autre rituel de guérison.

– Apporte-moi de nouveaux livres plutôt, suggère-t-elle à Sam en lui servant un café.

– Tu as déjà tout lu. Qu'est-ce que tu veux que je t'apporte ?

– Quelque chose de poétique et de profond. Un livre qui ne pourrait pas être adapté au cinéma. Un bouquin qui dérange, par exemple !

– Tu n'as pas besoin de ça.

– Pourquoi ? Tu insinues que je suis dérangée ?

Elle le fustige de son regard bleu gris, les mains sur les hanches.

– Non, la rassure Sam, mais tu devrais t'intéresser à des choses plus légères et plus gaies.

– Et mourir comme une oie, le foie gavé et la tête vide ?

– C'est bon, je vais t'apporter un chef-d'œuvre de la littérature.

– À ce propos, comment va Ophelia ?

– C'est l'« oie » qui te fait penser à Ophelia ?

– Non, c'est le « chef-d'œuvre », idiot.

– Ophelia va bien, dit Sam. Notre fille aussi. Elles iraient encore mieux si tu venais les voir.

– Je pourrais aussi venir leur jouer de l'ukulélé dans une robe pailletée au décolleté plongeant.

J'éclate de rire.

– Je te l'ai déjà dit cent fois, il n'y a plus aucun risque, la rassure Sam.

– J'ai peur pour Ophelia et Grushenka, pas pour moi.

– Tu te fais trop d'idées.

– La parano guette toujours le schizophrène.

– C'est ce que t'enseignaient tes psychiatres ?

– Ne me parle plus de psychiatres.

– Même d'Ophelia ?

Marilyn reste silencieuse. Moi aussi. Car Sam a touché un point sensible.

– Ophelia est devenue psychiatre uniquement pour que tu oublies ces charlatans, dit Sam.

– Comme si je ne le savais pas.

– Je leur dirai que tu les embrasses.

– Non, si je veux les embrasser, je me déplacerai. Dis-leur que je les aime. Merci pour la farine.

Elle n'a plus envie de discuter.

Sam remonte dans son pick-up.

Marilyn ne s'est pas totalement débarrassée de son passé psychiatrique. Les *blessingways* des Indiens navajos ont chassé les traumatismes et les addictions. Mais ils ne lui ont pas ôté de l'esprit son internement en 1961 après le tournage des *Désaxés*.

La cicatrice est toujours là.

À l'époque, Marilyn était fragilisée par ses disputes et son divorce d'avec Arthur. Elle se gavait chaque jour de barbituriques. Son état de faiblesse et d'épuisement était une manne pour les médecins, les psychiatres et les coaches. Elle a été la proie d'une véritable conspiration et manipulation mentale aux ramifications insoupçonnables.

La fille de Freud en personne, Anna Freud, que Marilyn consultait, lui avait recommandé de se faire suivre par Marianne Kris. Ma Marilyn était loin de se douter qu'elle mettait le doigt dans une gigantesque toile d'araignée. Le couple Ernst et Marianne Kris était très proche du couple Ralph et Hildi Greenson et du couple John et Eunice Murray. Ralph Greenson est devenu le psychiatre de Marilyn à Los Angeles et Eunice Murray sa gouvernante. Bon sang, je l'avais mise plusieurs fois en garde contre Greenson, qui tissait une relation peu orthodoxe avec elle ! Quand elle séjournait à Los Angeles, il la couvait au sein de sa famille sous prétexte de pallier un manque affectif et de compenser l'absence du père. Marilyn consultait chez lui quotidiennement, parfois à raison de deux séances par jour. Le psy s'était immiscé dans son espace vital avec des complices. Recrutés par lui, Eunice Murray lui rapportait tous les faits et gestes de Marilyn, tandis que le docteur Hyman Engelberg la droguait à foison. Greenson est même parvenu à m'évincer et à attirer Marilyn dans son lit. Un véritable transfert et contre-transfert se sont opérés entre elle et lui. Greenson avait franchi toutes les limites déontologiques et aggravé le cas de sa patiente. Certains de ses collègues que j'avais alertés m'ont confirmé que Greenson la manipulait.

Quand elle était à New York, Marilyn consultait Marianne Kris cinq fois par semaine. Le cabinet de la psychiatre, qui était aussi son appartement, était situé dans le même immeuble que celui de... Paula et Lee Strasberg ! C'est là que les deux professeurs ont commencé à exercer leur emprise. Non seulement Lee manipulait la mémoire affective de Marilyn en lui enseignant l'art dramatique, mais il lui avait collé sa femme comme coach personnelle grassement rémunérée. Marilyn partageait ses repas avec le couple, dormait chez eux quand elle se sentait seule et n'arrivait pas à dormir. Les Strasberg régentaient sa vie professionnelle et privée. Je ne cessais d'avertir Marilyn du danger que représentaient tous ces maîtres à penser. Combien d'arguties avons-nous eues à ce sujet ? Au terme d'une violente dispute, je l'ai abandonnée à son sort dans son appartement new-yorkais.

Ébranlée par mon silence et conditionnée par son entourage, elle a établi son testament à cette époque-là. Après avoir distribué des liquidités à sa demi-sœur et à sa mère, elle prévoyait de léguer 50 % de ses biens, revenus et droits à Lee Strasberg, 25 % à sa secrétaire May Reis et 25 % à Marianne Kris. C'était le mois de janvier 1961, The Shirelles chantaient *Will you still love me tomorrow* sur les ondes et la plus grande star du monde était plus seule que jamais.

Dans un moment de lucidité, elle a réalisé que ces dispositions n'étaient pas équitables. Elle ne laissait que 5 000 dollars à sa mère, qui était internée dans un asile, et rien à Joe DiMaggio, qui revenait dans sa vie sentimentale comme une balle de base-ball.

Lorsqu'elle a voulu corriger son testament, on l'a enfermée.

Le docteur Marianne Kris a joué sur la candeur de sa patiente en lui faisant croire qu'elle la plaçait pour surmenage dans un hôpital privé. « Vous vous reposerez », lui a-t-elle assuré. Mais sur le papier, la psy a diagnostiqué une attitude suicidaire, un état dépressif aggravé, un comportement anormal et incontrôlable. De quoi la faire interner dans un asile ! C'est par cette fourberie que Marilyn a été envoyée à la Payne Whitney Clinic à New York.

Je ne faisais plus partie de sa vie à ce moment-là et j'ignorais ce qu'elle endurait. Tout ce que je sais, je l'ai appris de sa bouche et par des témoins.

Marilyn a été admise discrètement sous le nom de Mary Miller le 7 février. Des aides-soignants aux allures de catcheurs l'attendaient au pied de l'imposant building de huit étages. Elle les a questionnés. En guise de réponse, on l'a escortée *manu militari* jusqu'à une première porte. Elle a cherché à rebrousser chemin mais il était trop tard. Les molosses ont accéléré le pas et l'ont poussée vers une deuxième porte d'acier. Elle s'est débattue, on l'a soulevée du sol. Ses cris et son agitation ont confirmé le déséquilibre mental aux yeux du personnel médical. Les infirmiers baraqués lui ont fait franchir de force une troisième porte et l'ont jetée dans une pièce capitonnée.

Marilyn a martelé le battant avant de se laisser glisser contre le mur matelassé. Les mains sur les tempes, elle comprenait trop tard qu'on l'avait bernée et enfermée au milieu des fous.

Comme sa mère et sa grand-mère avant elle.

Au fond d'une cellule obscure.

À l'étage des fous dangereux.

La blonde platine n'irradiait plus le monde mais s'offrait désormais au regard lubrique d'un personnel qui se gaussait d'elle à travers l'oculus.

Marilyn a commis la première erreur de tout être sain d'esprit lorsqu'il est interné au milieu des fous : elle s'est rebellée. Elle a cassé une vitre, insulté les médecins, hurlé comme les autres.

On a menacé de lui mettre une camisole de force.

Elle a subi des questions dignes d'un interrogatoire de police, les humiliations des infirmiers, les thérapies de groupe dégradantes, les cris d'aliénés.

John Huston et Jean-Paul Sartre la voulaient pour interpréter la patiente hystérique de leur film consacré à Sigmund Freud. Mais sous la pression d'Anna Freud et de Ralph Greenson, elle a dû refuser le rôle, qui a échu à Cecily Koertner. Son entourage préférait la voir incarner une folle dans la vraie vie.

Loin de se douter de la duplicité des Strasberg, Marilyn leur a fait passer un premier message grâce à une infirmière compatissante : *Le docteur Kris m'a fait enfermer sous la surveillance de deux imbéciles. Ils ne devraient en aucun cas être des médecins. Je suis enfermée avec les cinglés. Je suis sûre de finir comme eux si ce cauchemar se poursuit. Je vous en supplie, aidez-moi. Je ne devrais pas me trouver ici. Je vous aime tous les deux. Marilyn.*

Le couple n'a pas levé le petit doigt.

Marilyn est une personne dénuée de vices, incapable de commettre le mal. L'interner dans un asile psychiatrique équivalait à punir un enfant, à condamner un innocent, à mettre en cage un animal sauvage.

Comment trouver un équilibre dans une société où les rapports humains sont des rapports de force ? Ni les médecins, ni les psychiatres, ni les Strasberg, ni les coaches, ni les maris, ni ceux qui prétendaient être ses amis n'ont su procurer cet équilibre à Marilyn.

Pas même moi.

Au bout de trois jours d'internement, elle est parvenue à joindre Joe DiMaggio, qui accourait toujours quand elle avait besoin d'aide. Le joueur de base-ball a sauté dans un avion et menacé de démonter l'hôpital pierre par pierre si Marilyn n'était pas libérée de la section psychiatrique. Grâce à son intervention musclée, elle a été transférée dès le lendemain soir au Columbia Presbyterian Hospital. Elle y a séjourné du 10 février au 5 mars pour « épuisement physique et émotionnel ». Joe est resté auprès d'elle. J'ai attendu qu'elle se lasse de sa pesante et ennuyeuse présence pour reprendre contact avec elle. Elle allait mieux. Marlon Brando venait de lui adresser un télégramme de soutien que j'ai gardé en tête comme un poème : *Chère Marilyn, les meilleurs rétablissements sont nés dans les pires crises. Cela est arrivé à chacun de nous à des degrés différents. Sois heureuse de ça et n'aie pas peur d'avoir peur. Cela ne peut que t'aider. Repose-toi et profite. Je t'envoie mes pensées et ma plus chaleureuse tendresse.*

Marilyn reprenait des forces, mais elle ne s'était pas débarrassée de tous ses démons. En témoignent ces jolis mots qu'elle a écrits au docteur Greenson, dont elle ignorait encore l'imposture : *Par la fenêtre de l'hôpital je vois la neige qui a tout recouvert... Les arbres me donnent un peu d'espoir. Leurs branches tristes et nues annoncent peut-être le printemps et promettent l'espoir... Comme j'écris ces mots quatre larmes silencieuses ont coulé sur mes joues... Je n'ai pas dormi de la nuit. Quelquefois je me demande à quoi sert la nuit. Pour moi, ce n'est qu'un long jour sans fin.*

Marilyn n'a plus jamais consulté Marianne Kris. À sa sortie, elle a fait savoir à son avocat Milton Rudin qu'elle souhaitait modifier son testament. Mais elle n'a pas donné suite. À quoi bon ? À qui léguer ? Marilyn n'avait personne, pas de famille qui méritât d'être qualifiée de telle, pas d'amis qui prenaient d'elle le meilleur mais aussi le pire. Les Strasberg et Marianne Kris sont donc restés les principaux héritiers.

À la « mort » de Marilyn, ce testament a été contesté par Inez Melson, sa conseillère financière, qui affirmait que Marilyn était « sous influence invalidante » des Strasberg et de Marianne Kris. Inez Melson a été déboutée. La grosse partie de l'héritage a été distribuée aux Strasberg et à

Marianne Kris, qui a transmis sa part à la Fondation… Anna-Freud.

Vingt ans plus tard, le legs a fait la fortune de la seconde femme de Strasberg, qui n'a jamais connu Marilyn Monroe.

9
Ressuscitée

Les pages suivantes étaient gribouillées. Des esquisses de silhouettes effilées arpentant des paysages déserts terminaient leur errance dans des raturages rageurs.

– Il s'est essayé au dessin comme Marilyn mais sans succès, commentai-je.

Les confessions reprenaient un peu plus loin dans le cahier, quinze jours plus tard. Je repensai à ce que nous venions de lire sur la succession de Marilyn Monroe.

– L'auteur a suivi les comptes de près.

– Tu penses à sa conseillère financière ?

– Inez Melson ? Pourquoi pas ? On n'a pas envisagé que l'auteur pourrait être une femme.

– Sinon où aurait-il pioché toutes ces informations ?

– Sur Internet.

– Tu crois qu'Internet parvenait jusqu'à la ferme ?

– Oui, puisqu'il y avait une ligne téléphonique.

– L'auteur écrivait à la main. À mon avis, il ne possédait pas d'ordinateur.

Les pages des cahiers défilaient et nous ne savions toujours pas qui les avaient rédigées, encore moins quelle était l'identité du cadavre calciné retrouvé dans les décombres de l'incendie. Mais de nouveaux prénoms étaient apparus : Ophelia et Grushenka.

– Je ne connais qu'une Grushenka, dis-je. La jeune héroïne des *Frères Karamazov*, de Dostoïevski. Elle charme les deux frères pour se venger de ce qu'on lui a fait subir.

– Et Ophelia ?

– C'est le prénom de l'héroïne d'*Hamlet*, qui fait partie de ses lectures.

– Des personnages de fiction.

– Marilyn rêvait probablement de les interpréter au cinéma.

– Ophelia est psychiatre, elle a analysé Marilyn et elle serait la fille du narrateur. Ce qui veut dire que si le narrateur est le compagnon de Marilyn, Ophelia pourrait être...

– ... la fille de Marilyn ! m'exclamai-je.

– Ne nous emballons pas ! Le narrateur précise que Marilyn n'avait pas de famille digne de ce nom.

– Mais ça, c'était avant. Dans sa première vie.

– Elle aurait quand même pu modifier son testament avant de s'enfuir au lieu de tout donner à des gourous, nota ma chérie, qui ne supportait pas l'injustice.

– Au profit de qui ? L'auteur du journal pose lui-même la question. Marilyn Monroe n'avait pas l'esprit calculateur. Elle était même trop gentille envers des gens qui ne le lui rendaient pas. Toi qui veux toujours aider les autres, tu es bien placée pour le savoir. Combien de fois tu as rendu service à des personnes peu reconnaissantes ? On se méfie de la gentillesse. Imagine si en plus tu es belle et talentueuse !

– Merci de me comparer à Marilyn Monroe.

– Le barbier juif dans *Le Dictateur*, de Chaplin, a un discours qui pourrait s'appliquer à l'entourage de Marilyn. Il dit que nous ne ressentons pas assez et pensons beaucoup trop. Nous manquons de tendresse et de gentillesse. Et sans ces qualités humaines, la vie n'est plus que violence et tout est perdu.

– Marilyn l'apprendra à ses dépens.

– Tous ces parasites qui se sont fait un nom et du blé sur son dos n'ont pas apprécié que leur proie se rebiffe. Comme elle évoluait dans les hautes sphères du pouvoir, le monde est devenu très dangereux pour elle. Elle a donc tout plaqué à sa manière, libre et désintéressée, en laissant ces minables continuer à calculer derrière elle. Je dirais presque qu'il y a quelque chose de christique dans son sacrifice. Ou plutôt de bouddhique. Son acte de renonciation me fait penser à celui du prince Siddhartha Gautama lorsqu'il a abandonné le luxe de sa vie aristocratique pour l'austérité.

– Tu compares Marilyn Monroe à Bouddha maintenant ?

– Je te parle de la similitude de leur acte.

– Ne commence pas à mettre de la religion là-dedans.

– L'auteur fait quand même référence à une nouvelle Ève.

– Admettons qu'elle ne soit pas morte en 1962. Tu crois vraiment qu'une femme comme Marilyn

Monroe aurait pu changer aussi radicalement de mode de vie ?

– Il ne reste plus que deux chapitres pour le savoir.

Extrait nº 8

19 juillet 2012

Sam passe ce matin pour nous apporter du papier hygiénique et une bouteille d'huile. Il en profite pour nous inviter à dîner.

– Ophelia va préparer des super tacos comme tu les aimes, m'annonce-t-il.

– Merci, Sam. Mais ce soir je vais me coucher tôt.

– Fais un effort. Ce n'est pas sain de te cloîtrer dans la solitude.

– On est deux, je te rappelle.

– Je ne pense pas que la compagnie de ta fille et de ta petite-fille soit si pesante.

– J'en parlerai à Marilyn.

– Arrête avec cette Marilyn ! Tu trouves toujours une excuse pour ne pas bouger.

– Je ne sors qu'en cas de nécessité. C'est pourquoi personne n'a remonté notre trace en cinquante ans.

– Il est plus imprudent d'aller dans un cybercafé que de voir ta famille.

– C'était pour récolter des informations.

– Qu'est-ce que je dis à Ophelia ?

– On remet ça à la prochaine fois. Remercie-la de ma part.

– Tu as le temps de changer d'avis d'ici ce soir.

Sam regagne son pick-up. Je lui lance de la véranda :

– Pourquoi tu ne l'aimes pas ?

– Qui ça ?

– Marilyn.

– Je ne juge personne.

– Je ne te demande pas de le faire.

Il hésite.

– Coucher avec des salauds pour réussir n'entre pas dans mes valeurs.

– Tu es injuste.

– Excuse-moi.

– J'aurais voulu être un chat ou un chien pour qu'on me donne des caresses.

– Pourquoi dis-tu ça ?

– Ce n'est pas moi qui le dis mais elle. Tu sais ce qui lui manquait le plus dans sa solitude ? Être touchée, caressée, câlinée. C'était ce qu'elle cherchait en premier dans les bras d'un homme. Et n'oublie pas une chose, il y a eu plus de gens qui ont couché avec elle pour réussir que le contraire !

Sam démarre, freine, recule, baisse sa vitre.

– Et toi, pourquoi aimes-tu autant Marilyn ? demande-t-il.

– Parce qu'elle a créé un mythe qui embellit le monde.

Il esquisse un sourire et s'éloigne dans un nuage de poussière.

Marilyn n'est pas encore réveillée. Je la laisse dormir. Il a fallu attendre l'exil et sa rencontre avec les Indiens navajos pour qu'elle trouve peu à peu le sommeil. La clandestinité lui a appris à apprécier la paix, le désert, le vide, le silence. La star hollywoodienne s'est retrouvée écrasée par des paysages infinis et majestueux où la ligne d'horizon n'est plus limitée à un objectif de caméra, un décor en carton-pâte ou un cordon de sécurité. À l'écart du monde et des dérèglements humains, elle s'est installée durablement sur une terre aride. Avec mon aide et celle des Indiens, elle s'est adaptée à cet environnement et familiarisée avec le mode de vie des Navajos. Elle a appris à cultiver du maïs et des courges, à tisser un tapis, à tourner une poterie, à élever des poules. Traire une chèvre fut l'expérience la plus surréaliste qu'elle ait vécue depuis son titre d'*« Oomph girl*[1] *»* qu'elle avait décroché au collège Emerson en 1941. Les Navajos lui ont redonné foi dans la beauté dont elle s'était fait le chantre pendant dix-sept ans sur des écrans géants. Ils lui ont appris à transférer à la nature le point de vue narcissique de la comédienne qui irradiait. Le spectacle n'était plus sur une toile blanche mais autour d'elle, sous un soleil généreux qui rougit les mesas, transperce les arcs rocheux, s'accroche aux saguaros et fait fumer les cours d'eau. Un univers de lumière à faire pâlir tous les feux de la rampe. Ici l'être humain prend conscience qu'il est soumis à

1. *« Oomph girl »* : la fille qui a du peps.

des forces qui le dépassent et qui s'élèvent bien plus haut que les petits-maîtres de Hollywood, de Chicago ou de Washington. Marilyn avait fui à grandes enjambées la laideur qui l'entourait. Il lui restait à marcher dans la beauté et à se fondre dans l'environnement. Le contraire de ce qu'elle avait toujours fait.

Nue dans la beauté je marche
Avec la beauté autour de moi je marche,
La beauté est revenue[1]

Après avoir appréhendé l'espace, elle s'est coulée dans une dimension temporelle qui lui seyait. Car les Indiens navajos mesurent le temps en nuits et non en jours. Pour eux, la nuit éveille les sens. Marilyn a découvert le son et l'odeur du vent, le hurlement trompeur des coyotes qui donne l'impression que l'animal se situe à un endroit différent. Ces perceptions nocturnes et poétiques ont refoulé le tintement des clefs et le claquement du verrou de l'asile psychiatrique. Dormir n'était plus une épreuve. Plus besoin de somnifère ou d'alcool pour traverser les heures obscures jusqu'aux premières flèches du soleil levant.

Marilyn est devenue une fervente adepte de la beauté et de la nuit, deux éléments fondamentaux de la vie spirituelle et rituelle des Navajos. Contrairement aux religions, celle-ci n'est régie par aucun clergé et ne se transmet pas dans un lieu de culte. Les Navajos considèrent leur relation avec le monde de l'esprit comme individuelle. C'est la plus

1. Chant navajo.

grande différence avec les autres croyances. Avant son arrivée, Marilyn était un être malade et malheureux parce qu'elle avait rompu cette relation. Après quelques semaines d'immersion dans leur culture, elle s'est sentie prête à expérimenter la médecine des Navajos. Le judaïsme auquel elle s'était convertie en 1956 ne constituait pas une entrave à la cérémonie réparatrice que les Indiens lui ont organisée par compassion.

Le *blessingway*, comme ils disent.

La voie de la guérison.

Pour établir un diagnostic précis sur la maladie de Marilyn, on a eu recours à Lillie, dont c'était la spécialité. La consultation a été spectaculaire. L'Indienne s'est approchée en balançant son bras droit comme une trompe d'éléphant greffée sur une vieille femme. Marilyn a retenu un fou rire. Le bras de Lillie tremblait anormalement. Sa main a été attirée avec la force d'un aimant entre les cuisses de sa patiente, puis sur la cicatrice qui barrait son abdomen, puis sur son crâne. Dos au mur, Marilyn ne pouvait plus reculer. Elle a attendu que l'Indienne retrouve un comportement normal.

– Qu'avez-vous vu ? s'est-elle inquiétée.

– Beaucoup de dérèglements.

– J'ai subi des opérations.

La diagnostiqueuse a fixé son ventre et son bas-ventre.

– Métrite chronique et vésicule biliaire, a précisé Marilyn.

– Fausses couches aussi, a déclaré Lillie.

– Oui, trois, plus une grossesse extra-utérine.

– Des enfants ?

Marilyn a hésité une seconde avant de nier. Lillie lui a posé la main sur le front.

– La zone malade chez toi est la tête. Mauvaise médecine dans ta tête.

– Je sais.

– Ta conduite a déclenché des maux.

– Ma conduite a été déclenchée par mes origines.

– Origines malades ?

– Ma mère et ma grand-mère.

– La Voie de la nuit te guérira. C'est la Voie que le Rêveur a choisie jadis pour retrouver son équilibre. Elle convient à ceux que la démence a gagnés.

– Je ne suis pas démente.

– Alors je ne parle pas à la bonne personne.

– Qu'est-ce que vous voulez dire ?

– Je te prescris ce qui est le mieux pour toi. Mais rien ne t'oblige. Sache seulement que la Voie de la nuit est la cérémonie de guérison la plus complexe et la plus longue.

– Longue comment ?

– Dans ton cas, elle inclura des centaines de chants, de prières, de danses, de peintures de sable. La Voie des Yebichaï agit en neuf jours et neuf nuits.

– Vous montez un spectacle pour me soigner ?

– Tu ne te produisais pas toi aussi pour faire du bien aux gens ?

– Si, mais ce n'est pas pareil.

– Le rituel de guérison est mené par un chanteur qui connaît la Voie.

– Un chanteur ? Pour soigner une actrice. Amusant.

– On appelle chanteur l'homme-médecine qui interviendra. Dans ton cas, ce sera sûrement Harry Arrezo. Il est le plus qualifié.

– Qu'est-ce que je devrai faire pendant tout ce temps ?

– Tu te coucheras dans un *hogan* consacré, tu transpireras, tu vomiras, tu écouteras beaucoup, tu en tireras des leçons et tu retrouveras tes facultés d'interaction harmonieuse avec l'univers.

– Ouaouh !

– Tu ne seras pas passive. Car tu es responsable de ta guérison comme de ta maladie.

– On peut venir à deux ?

– La personne qui t'accompagnera devra être purifiée.

La cérémonie a eu lieu quelques semaines plus tard. J'y ai assisté. La Voie s'est ouverte par la bénédiction de la maison rituelle à sept côtés. Harry Arrezo a lancé des pincées de farine de maïs jaune dans les quatre directions et sur les poutres du *hogan*. Puis nous avons ôté nos habits et pénétré dans le bain de vapeur d'une hutte-sauna située juste à côté. Au terme de la séance de sudation, nous avons regagné le *hogan* consacré.

Un feu brûlait sous un trépied. Un tapis de sable blanc d'environ deux mètres sur deux occupait une bonne partie de la superficie. Harry a fait signe de nous asseoir sur le côté et a ouvert des bourses de sable coloré de pigments naturels. Il a plongé la main dans l'une d'elles et libéré la fine mixture entre le pouce et l'index pour tracer une courbe rouge bien nette sur le grand carré blanc. Puis une bleue. En dessous, il a jeté un cercle jaune rempli de bleu avec des petits points blancs et une croix jaune en son milieu.

– J'illustre l'infusion émétique que vous allez boire, a expliqué Harry. Le bol est protégé par l'arc-en-ciel. Il contient la potion. Les herbes flottent à la surface.

Nous devions avoir pleine conscience de ce qui se déroulait sous nos yeux afin que la cérémonie ait un effet sur nous.

Dans la partie inférieure, Harry a dessiné quatre rectangles rouges et bleus assortis à l'arc-en-ciel. À tour de rôle, nous avons positionné nos genoux et nos mains sur ces quatre rectangles, à quatre pattes devant le bol d'infusion que Harry avait posé sur le cercle jaune. Nous avons bu. Le breuvage au goût infâme nous a tordu l'estomac. Nous avons vomi toutes nos tripes dans une écuelle.

– La séance de purification est achevée, a annoncé Harry en détruisant la peinture.

Il a désigné un coin du *hogan* où je devais m'installer pendant qu'il allait poursuivre la cérémonie avec Marilyn. Harry l'a installée à même le sol en terre battue. Il l'a massée vigoureusement sur le ventre et sur le crâne avec des bâtons de prière ornés de plumes.

– Il faut chasser le mal, a-t-il commenté.

Il a enroulé les parties souffrantes du corps de Marilyn avec des feuilles de yucca.

– Visualise les entraves.

Étendue sur le sol, ceinturée et couronnée d'étranges tressages, elle l'a écouté attentivement :

– Les premiers à avoir reçu ces cérémonies ont été les Héros qui avaient rompu avec l'équilibre. Ainsi le Rêveur n'avait aucun sens pratique et n'était pas un bon chasseur. Ainsi la Femme-serpent était trop sensible aux apparences. Les Êtres sacrés ont choisi de venir en aide à ces Héros dignes d'être guéris. Pour cela, ils les ont soumis à des cérémonies. Chaque Héros a eu la sienne, adéquate. Le Rêveur a hérité de la Voie de la nuit. La Femme-serpent a reçu la Voie de la beauté. Une fois sauvés, les Héros ont donné ces cérémonies en héritage aux Navajos avant de regagner le monde des dieux auquel ils appartiennent désormais. Aujourd'hui chaque cérémonie demeure associée au personnage mythique qui en a bénéficié à l'origine. Toi, l'Actrice, tu ressembles au personnage égaré du Rêveur et à celui de la Femme-serpent. Double guérison, double cérémonie. Une branche mâle, une branche femelle. Très difficile à mener. Mais je vais le faire pour toi.

Deux hommes masqués ont fait irruption, armés de couteaux. Ils se sont rués sur Marilyn tétanisée et ont tranché les tressages avant de disparaître comme deux éclairs.

– Tu es purifiée et j'ai chassé le mal, a annoncé Harry. Je peux maintenant déposer des offrandes aux Êtres sacrés et les inviter à entrer pour qu'ils te viennent en aide.

Harry a plongé la main dans une bourse et s'est appliqué des cristaux sur les lèvres avant d'entonner une mélopée.

Yiii, hee, yiii, hee
C'est le cœur de la Terre
Qui vibre en moi

Tout en chantant, il a sorti de sa besace des bouts de roseau qu'il a remplis de poudre de turquoise, d'éclats de coquillages, d'une pincée de tabac et d'un autre ingrédient dont j'ignore la nature. Il les a scellés avec du pollen mouillé avant de les planter dans le sol du *hogan*.

– Je m'adresse aux dieux et je prépare leur entrée en scène.

Il a plongé la main dans l'une des bourses de sable coloré et a tracé du bleu turquoise, du jaune orangé, du noir, du blanc.

– Les couleurs de la nature ! Les couleurs des quatre monts sacrés ! Les couleurs du jour lorsqu'il se lève, culmine, se couche et dort !

Harry a produit une deuxième peinture de sable beaucoup plus complexe. Sa main virevoltait, laissant s'écouler la juste quantité de poudre, produisant des Êtres sacrés, des serpents, des éclairs, un enfant, des êtres ronds qui encerclaient un être rectangulaire.

– Les peintures représentent les entités choisies pour vaincre le mal, a-t-il expliqué. Elles sont capturées dans le dessin. J'ai fait entrer le Rêveur et la Femme-serpent. Tu peux t'identifier à eux. C'est en t'identifiant à eux que tu vaincras le mal comme les Êtres sacrés l'ont fait jadis. Plus forte sera l'identification avec les puissances peintes, plus efficace sera le traitement.

Au terme de sa peinture, il a concocté une potion constituée d'un mélange d'herbes et de pigments prélevés sur les figures de la peinture. Il a enjoint à Marilyn de la boire. Elle s'est exécutée en grimaçant.

– C'est moins bon que du gin.

– Oublie la dérision si tu veux en tirer des effets, l'a tancée Harry Arrezo.

Il l'a attirée dans la peinture et priée de s'allonger.

– Tu te tiens maintenant à la place jadis occupée par le Héros qui a reçu cette cérémonie. La peinture va pouvoir agir. Je vais transférer sur toi les pouvoirs des figures peintes. Concentre-toi sur cet instant. Accueille ce sacrement. Recharge ton esprit et ton corps. Nous sommes deux à travailler. Sans toi, je ne sers à rien.

Harry a trempé les doigts dans le reste de potion, les a appliqués sur les pieds des deux personnages puis sur ceux de Marilyn, qui prirent la même couleur. Il a renouvelé l'opération sur les différentes parties du corps, les chevilles, les genoux, les cuisses, le ventre, les coudes, la poitrine, la tête, tout en scandant des prières d'une voix gutturale :

Avec joie, je retrouve le calme dans mon corps
Avec joie, je retrouve le silence dans ma tête
Avec joie, je retrouve la vue
Avec joie, je retrouve la santé

Il a effacé le tableau, rassemblé les couleurs en tas et les a jetées dans un panier.

– Le mal que les couleurs ont aspiré ne menacera plus personne, a-t-il conclu avant d'entreprendre une nouvelle peinture.

La transformation allait peu à peu s'opérer, à condition de recommencer, jour après jour, nuit après nuit, peinture après peinture, chant après chant, prière après prière, potion après potion.

Je laissais Marilyn souvent seule car je ne devais plus interférer. Ma star rétive et goguenarde au début de la cérémonie s'est peu à peu éloignée de la réalité responsable de son mal-être. Elle est entrée à pas feutrés dans le monde des esprits jusqu'à en devenir un durant le reste du rituel. Les unes après les autres, les peintures éphémères ont extirpé les traumatismes et les addictions nichés en elle, sollicitant la puissance de travail de Harry Arrezo, sa mémorisation d'une vingtaine de tableaux, de dizaines de prières, de centaines de chants, de milliers de vers et de signes. L'homme-médecine était toujours présent, précis, pointilleux, attentionné, compatissant. La tâche était immense car sa patiente n'était pas une Indienne. Il ne s'agissait pas de lui faire retrouver sa place dans l'ordre navajo mais de la lui faire gagner. Une gageure que Harry Arrezo est parvenu à surmonter.

Je suis Rêveur et Serpent
Loin des errements et de l'apparence
Chantant la beauté et la vérité
Rêveur je me servirai
Du pouvoir d'imaginer
Serpent je me servirai
Du pouvoir de connaître
Chantant la beauté et la vérité

Pendant trente-six ans, Marilyn avait absorbé la pourriture du monde comme une éponge. Pendant neuf jours, elle a dégurgité cette pourriture dans une hutte de dix mètres carrés.

Au terme de la neuvième nuit, elle est revenue à sa forme terrestre. Ce jour-là, elle m'a semblé guérie.

10

Tué

– On a la réponse à ta question, dis-je à mon épouse, qui se demandait comment Marilyn avait pu s'accommoder de la sobriété de l'ermite.

– Ce journal prend une tournure mystique. J'ai du mal à y adhérer.

– C'est comme les champignons hallucinogènes. Tant que tu n'as pas essayé, tu ne peux pas en parler.

– Qu'est-ce qu'on va découvrir maintenant ? Qu'elle a été créée par Dieu pour redonner une conscience à l'humanité ?

– Je te sens acerbe.

– On n'a rien de concret. On est en train de parler d'un couple de fermiers reclus dont la femme est une star de Hollywood censée être morte depuis cinquante ans !

L'Indien geek qui nous épiait derrière un ordinateur se pointa vers nous, écarta ses longs cheveux qui tombaient sur des lunettes rondes, renifla, se frotta le nez et demanda si on voulait boire autre chose. Je lui commandai un café. Ma femme lui posa une question.

– Il y a une ferme en bord de canyon plus au nord, derrière les deux collines. Complètement isolée. Elle est habitée par deux personnes dont une femme qui doit être âgée. Cela vous dit quelque chose ?

– Une ferme ?

– Et une femme âgée.

L'Indien fit mine de réfléchir.

– À 28 miles d'ici, ajouta Coco, qui comptait tout.

– Je ne vois pas.

Je suggérai de jeter un œil sur Google Maps.

– Vous reprenez un forfait d'une demi-heure ? demanda l'Indien.

– On ne devrait pas en avoir pour plus de dix minutes.

– Nous n'avons pas de tarif pour moins d'une demi-heure.

La vue satellite du service de cartographie en ligne nous permit de balayer la région. On repéra les deux inselbergs, un point noir sur fond ocre. Zoom avant.

– Et maintenant, vous voyez ? le relança Coco.

– C'était avant l'incendie, précisai-je.

– L'incendie ? s'étonna l'Indien.

– Oui, avec de la fumée qui monte très haut et se voit de très loin. Vous n'avez rien remarqué ?

– Quand a-t-il eu lieu ?

– Aujourd'hui.

– J'ignorais.

– Cela m'étonnerait, attaqua Coco. Sur votre territoire, tout se sait. Vous êtes tous connectés, en harmonie, comme vous dites.

Elle ne connaissait pas grand-chose aux Navajos mais elle maîtrisait l'art de délier les langues.

– Honnêtement, j'ignore qui habite dans cette ferme.

– Deux personnes âgées. Vous en avez probablement rencontré une des deux.

– Comment voulez-vous que je le sache ?

– Elle est venue chez vous.

– Quoi ?

Mon épouse se rappelait que l'auteur du journal mentionnait des sorties pour se rendre dans un cybercafé.

– Vos clients sont-ils si nombreux que vous ne vous souveniez pas de la visite d'un de vos voisins ?

– Une vieille femme est passée plusieurs fois, se rappela l'Indien en se grattant le crâne. Elle n'y connaissait pas grand-chose alors je l'ai aiguillée.

– Elle vous a dit son nom ?

– Pourquoi elle l'aurait fait ? Elle payait en liquide.

– Parce que vous demandez le prénom des clients avant de leur attribuer un ordinateur.

– Ah, le prénom, oui, d'accord. Le sien est Martha, je crois.

– Elle ressemblait à quoi ?

– Vieille, casquette des New York Yankees, lunettes de vue.

– Couleur des cheveux ?

– Blancs.

– Que cherchait-elle ?

– J'en sais rien.

– Pourtant vous prétendez l'avoir aidée.

– Elle s'intéressait à des trucs sur Hollywood, aux acteurs d'autrefois.

– Comme Marilyn Monroe ?

– Entre autres.

Mal à l'aise, il retourna derrière le zinc pour empoigner la verseuse à café.

– Notre narrateur est donc une narratrice, affirma ma partenaire. Et on connaît enfin son prénom.

– Martha.

– Marilyn et Martha !

– On a affaire à un couple de femmes.

– Des lesbiennes ?

– À ma connaissance, l'expérience de Marilyn avec les femmes s'est limitée à une nuit avec Joan Crawford dont elle n'a pas gardé le meilleur souvenir.

L'Indien revint verser du café dans ma tasse. Il lorgna le cahier que nous avions posé sur la table.

– Il a morflé, nota-t-il.

– C'est celui de Martha, dit Coco.

– Ah oui ? Et qu'est-ce qu'elle écrit ?

– Qu'elle vit avec une actrice célèbre.

– Qui ça ?

– Je suis sûre que vous en avez une idée.

L'Indien se fendit d'une moue perplexe et s'esquiva pour éviter d'autres questions. Notre attention se reporta sur le cahier. Il nous restait à lire les confessions du 5 août 2012 et du 6 août 2012. C'est-à-dire aujourd'hui. Celles de la dernière journée avaient été rédigées dans l'urgence.

Le 5 août commençait par la description d'une journée comme les autres. Les deux femmes ont nourri les animaux, se sont inquiétées du manque de pluie, ont écouté la musique que Sergueï Prokofiev avait composée pour le film *Alexandre Nevski*. Elles ont échangé quelques mots et évoqué le souvenir de leur rencontre avec Nikita Khrouchtchev : Marilyn avait confié au premier secrétaire du Parti communiste son enthousiasme pour *Les Frères Karamazov*.

Marilyn est allée se coucher tôt. Martha s'est installée sur la véranda pour relater la fascination de sa compagne pour la Russie, dont l'histoire s'était écrite dans les livres, à la différence de l'Amérique, qui se racontait en images. Suivaient quelques commentaires métaphysiques sur le devenir de l'homme privé de Dieu puis des réflexions sur la commémoration du cinquantenaire de la mort de Marilyn. Martha raillait les différents hommages, témoignages, images d'archives que les médias paresseux n'avaient pas manqué de ressortir. « QUEL DRÔLE DE MANÈGE EST NOTRE TERRE ! » notait-elle en lettres capitales après s'être remémoré avec une certaine propension au radotage l'épisode du célèbre *« Happy birthday Mister President ! »*. Elle n'arrivait pas à trouver le sommeil, elle tournait en rond, y compris dans ses notes. Les aboiements de Fletch l'ont soudain fait sursauter.

Extrait nº 9

5 août 2012

Les aboiements de Fletch me font tressaillir. Je me redresse lentement au-dessus de la lampe de bureau, chasse une crampe, perçois la plainte de Marilyn qui émane du lit. Je lui réponds que je ne vais pas tarder à la rejoindre. A-t-elle conscience que le monde est en train de fêter le cinquantenaire de sa mort ? Qu'elle est devenue une marque à 50 millions de dollars ? Que son visage radieux est omniprésent sur les tasses, les posters, les tee-shirts, les tableaux, les sérigraphies, dans les publicités, les films, les dessins animés, les chansons, les romans, les murs des chambres d'adolescents qui n'ont vu aucun de ses films, ni entendu une seule de ses chansons. Dans *My Week With Marilyn*, Michelle Williams ose l'incarnation avec un peu plus de réussite qu'Ashley Judd, Poppy Montgomery ou Charlotte Sullivan, qui s'y sont déjà essayées. Il y a eu également ce film dans lequel pas moins de dix actrices, Uma Thurman, Zoe Saldana, Ellen Burstyn, Lindsay Lohan, Evan Rachel Wood, Viola Davis, Gretchen Mol, Lili Taylor, Vanessa Shaw et Jennifer Ehle, ont interprété une

Marilyn en proie à ses anxiétés. Un nouveau livre de photos est publié, *Marilyn by Magnum*. Et la galerie Getty doit lui consacrer prochainement une exposition à Londres.

Cinquante ans après sa disparition, elle est toujours à l'affiche dont celle du 65e Festival de Cannes. Assise à l'arrière d'une limousine, on la voit souffler en noir et blanc une bougie posée sur un gâteau. La photo est signée Otto L. Bettmann.

Les aboiements ont cessé. Je clopine vers la chambre en fredonnant «*Happy birthday to you*».

– Joyeux anniversaire, Marilyn !

Assise devant sa coiffeuse, elle s'étonne :

– Nous avons fêté mes 86 ans le 1er juin dernier.

– Là, je célèbre l'anniversaire de ta mort.

Sourire dans le miroir en guise de réponse, féminin jusqu'aux commissures.

– Merci, mais il n'y a pas de quoi le hurler.

– Les médias le fêtent en grande pompe.

Elle masse son visage, simule un grossier lifting pour retrouver les traits immortalisés par les plus grands metteurs en scène et photographes. Ses yeux n'ont pas changé, brillant de sensualité, de détresse, de candeur.

– Qui suis-je ? demande-t-elle au miroir.

– Tu es Marilyn Monroe, je réponds bêtement.

– Je suis fard, fragrance et mise en plis. Les trois traits de caractère qui forment une personnalité à Hollywood.

Elle lève les yeux pour quérir une approbation dans mon regard. Je lui tends un soutien-gorge et une chemise de nuit brodée avant d'ôter le couvre-lit tissé par une amie navajo.

Elle se couche, bordée par le silence de la solitude. Marilyn a toujours été seule. Pas solitaire, seule. Dans ses draps, au restaurant, dans les bars, dans la névrose, dans la vie. Une solitude jadis lardée de tournages mouvementés et de liaisons fulgurantes. Elle n'a que moi. Ce soir, elle est terrassée par la lassitude. Anormalement fatiguée. Ses paupières lourdes se ferment devant une toile abstraite de Georgia O'Keeffe représentant l'horizon.

– Bonne nuit, Marilyn.

– « Bonne nuit », « Bon anniversaire », as-tu d'autres bonnes choses à me souhaiter ?

Quoi lui répondre ? Je n'ai pas sa repartie.

– Tu ne viens pas te coucher ? me demande-t-elle.

– Je n'ai pas sommeil.

J'avale des somnifères et un verre de gin. Sa vieille recette miracle pour dormir. Je m'installe dans le fauteuil du salon avec mon journal. « Son » journal, puisque j'y convoque surtout les souvenirs d'une femme exceptionnelle et adulée, aux actes insignes qui ont marqué l'histoire. N'est-ce pas la définition même du mythe ? Je relis quelques passages et reprends mon stylo pour apporter des précisions. Fletch aboie à nouveau. Qu'est-ce qu'il a, ce chien ? Je repose mon stylo pour aller voir.

6 août 2012

J'ai l'esprit confus, mais encore frais des événements de cette nuit. Pas le temps de prendre du recul. Il faut que j'écrive tout de suite, avec force détails, pour me fixer les idées et essayer de donner un sens à ce qui vient de se passer.

Fletch aboyait. Je suis sortie sur la véranda. Lorsque je l'ai appelé, il s'est tu, mais il est resté invisible. Je suis revenue m'asseoir au salon avec une appréhension. La porte de la moustiquaire a grincé. J'ai tendu l'oreille. Fletch demeurait muet.

Des pas sur le plancher du couloir m'ont alertée.

J'ai saisi le tisonnier et avancé en rasant la cloison. Nouveau craquement. Articulaire cette fois. Il y avait quelqu'un juste de l'autre côté du mur. J'ai levé la lourde tige au-dessus de ma tête et attendu. Un inconnu a passé l'encadrement. L'adrénaline et le poids de la fonte ont donné de la puissance au coup que j'ai asséné et qui l'a projeté au sol. Le souffle coupé et le tisonnier au bout du bras, je me suis retrouvée devant un corps étendu par terre. Du sang s'écoulait de sa tête et se répandait comme une auréole. J'ai réprimé une furieuse envie de vomir. Une bouffée de chaleur, des palpitations et des picotements se sont emparés de moi. Je n'arrivais plus à respirer. Une douleur dans la poitrine me serrait comme un étau. Ma tête tournait. Les sons étaient flous, ma vision constellée d'étoiles. Autant de signes avant-coureurs de la mort. Je me suis affolée. J'ai lâché mon arme et je me suis précipitée à travers le salon pour appeler la police. Mais l'angoisse m'avait amoindrie, ma tension a chuté, mes pieds se sont pris dans un obstacle, j'ai basculé dans le noir. À cet instant précis, j'ai perdu connaissance.

Je ne sais pas combien de temps je suis restée évanouie.

Lorsque j'ai ouvert les yeux, je gisais sur le plancher. Je me suis relevée dans l'obscurité. Mes doigts ont tâtonné en direction d'une lampe, renversé une poterie zuñi, enserré la poire électrique. La lumière a inondé le salon et fait apparaître un vieillard efflanqué. Un filet de sang coulait de sa chevelure hirsute. Immobile, il me fixait.

J'ai lâché un cri.

L'intrus n'était pas mort.

– Marilyn ?

Il avait une voix rayée, un regard fatigué enfoui au fond de deux orbites proéminentes, les oreilles décollées, une barbe naissante, une parka poussiéreuse. Une gibecière traînait à ses pieds. C'était sur elle que j'avais trébuché.

– Qui êtes-vous ? ai-je demandé.

– Tu m'as fait mal.

– Qui êtes-vous ?

– Toutes ces années pendant lesquelles je t'ai crue morte !

– Qu'est-ce que vous voulez ?

– Je t'ai tellement pleurée…

La peur me paralysait. La nuit joue toujours en faveur des intrus.

– J'ai prié devant ta tombe. J'ai maudit ceux qui en avaient après toi…

J'ai cherché un appui pour ne pas m'écrouler et bégayé en boucle les trois mêmes mots :

– Qui… êtes… vous ?

– Je t'ai écrit des dizaines de lettres et téléphoné des centaines de fois sans que tu daignes me répondre. Tu te plaignais d'être délaissée, mais tu ne m'as accordé aucune attention. Tu ne te donnais qu'aux nantis, qu'à ceux qui servaient tes intérêts.

– Qui êtes-vous à la fin... ?

Je reprenais peu à peu mes esprits.

– Ça fait drôle de te voir en vieille.

– Vous vous trompez de personne, je ne suis pas Marilyn.

– Marilyn Monroe, Norma Jeane Baker ou Zelda Zonk, on s'en fout. Tu n'as jamais eu de véritable nom.

Il s'est approché et a essuyé d'un revers de manche le sang qui coulait sur son œil. Je me suis retranchée derrière le sofa. Que faisait Fletch ? Où était ce satané chien ? J'ai tenté de raisonner l'intrus et d'émousser son assurance.

– Je suis fermière. J'ai toujours vécu ici. Je ne vois pas comment vous pourriez me prendre pour une actrice qui est morte depuis cinquante ans.

– Morte ?

Son éclat de rire a soulevé la poussière sur ses épaules.

– Qu'est-ce qui vous amuse ?

– Je la croyais morte moi aussi, comme tout le monde, jusqu'à ce qu'on expose tes objets personnels provenant de la succession de ces connards de Strasberg. Pour la vente aux enchères. T'es au courant, non ? Tu penses bien que j'ai pas raté ça. J'ai consulté sur Internet la liste des 1 500 lots bradés par Christie's.

– C'était il y a treize ans.

– Qu'est-ce que treize ans dans la vie d'une immortelle ?

– Vous êtes fou !

– Pas plus que toi, Marilyn.

– Cessez de m'appeler Marilyn.

– Oh, bien sûr, ta robe pailletée proposée à la vente était au-dessus de mes moyens, mais parmi les reliques, il y avait une poterie noire.

– Une poterie ?

– Une spécialité de Santa Clara, Nouveau-Mexique.

Il a sorti de son sac l'objet en question.

– Elle est à moi désormais. Enfin, à nous. Je te la rends. Tu sais comment c'est fabriqué ?

J'étais interloquée. Un inconnu débarquait en pleine nuit, m'appelait Marilyn et me parlait de poterie. L'homme s'est mouché, a toussé et poursuivi avec sa voix d'outre-tombe :

– L'argile est façonnée avant d'être enfermée dans une boîte métallique ventilée que l'on plonge dans un feu de bois. On chauffe jusqu'à ce que la matière se dilate. Puis on éteint en recouvrant de terre pour que la fumée soit piégée dans l'argile qui se rétracte…

Je me suis alors souvenue du cadeau que Robert Kennedy avait rapporté à Marilyn de ses repérages destinés à lui trouver une cache. Cela n'expliquait pas cependant en quoi cet objet avait pu mener ce type jusqu'ici.

L'étrange visiteur s'est avancé un peu plus pour me coller son haleine fétide sous le nez et pincer ma chemise de nuit comme pour en apprécier la texture.

– Tu ne portes plus de Chanel n° 5 pour dormir ?

– Je vous répète que vous faites erreur sur la personne.

La légende perdure, bâtie sur l'une de ces fameuses répliques dont Marilyn avait le secret. En réalité, peu de gens savaient qu'elle dormait avec un soutien-gorge qu'elle ôtait au réveil. Marilyn craignait en effet que ses seins de granit, tels que les qualifiait Billy Wilder, ne s'affaissent. Un soin obsessionnel, parmi d'autres, d'une actrice perfectionniste. Elle a gardé cette habitude bien qu'elle ne tourne plus.

– Qu'est-ce que vous voulez ?

Je m'exprimais comme un disque rayé.

– Finir ma vie avec toi.

– Mais je ne suis personne.

L'homme a tapé violemment contre le mur, faisant trembler le vaisselier.

Une voix a appelé.

Il l'avait réveillée.

Je me suis raclé la gorge pour camoufler la plainte. Mais il a aperçu mon coup d'œil en direction de la chambre.

– Tu n'es pas seule ?

Je devais la protéger. Il me prenait pour son idole ? Autant le laisser dans sa méprise et le maintenir à l'écart de Marilyn. Entrer dans son jeu en attendant de trouver un moyen de me débarrasser de lui.

– Je croyais que vous me connaissiez, ai-je lancé. Vous devriez savoir que j'ai toujours été seule.

– Tu ne l'es plus maintenant, car je suis là.

– Je ne comprends toujours pas ce qui vous a conduit jusqu'ici. Personne n'était au courant… à part les Kennedy.

– Quand je t'ai crue morte, j'en ai voulu à ces deux emmanchés et j'ai cherché à te venger.

En l'absence d'une réaction de ma part, il m'a contournée, a posé ses fesses sur le sofa et allumé une cigarette en faisant claquer un Zippo.

– J'ai fait une longue route. J'ai soif.

J'ai battu en retraite vers la cuisine et lui ai apporté un verre d'eau. Je n'avais malheureusement pas de mort-aux-rats à mettre dedans.

– De l'eau du robinet ?

– Il n'y a rien de mieux pour étancher la soif.

– Tu n'as jamais eu le sens de l'hospitalité. Comment aurais-tu pu d'ailleurs avec tous ces gens qui bourdonnaient autour de toi et faisaient barrage ?

– Comment m'avez-vous retrouvée ? l'ai-je relancé, dans le rôle de Marilyn.

– J'ai commencé par filer les Kennedy, en guettant une opportunité de leur faire la peau. Pour moi, ils étaient responsables de ta mort, au même titre que la mafia, la CIA et tout le saint-frusquin. En fricotant avec les grosses huiles, tu étais au cœur du système, tu savais tout sur eux et leurs connivences. Comment la mafia gouvernait le pays avec les politiques. Comment les Kennedy ont demandé à Giancana de mobiliser les syndicats pour faciliter l'investiture de Jack. Comment Giancana a acheté les suffrages dans l'électorat démocrate pour le faire gagner. Comment la CIA a recruté Giancana pour assassiner Fidel Castro. Comment Sinatra servait d'intermédiaire dans ces basses œuvres. Tu écrivais tout dans un carnet, il paraît.

– Comment étiez-vous au courant de tout ça ?

– Je faisais partie du milieu. J'ai travaillé pour ces gens-là.

– Vous avez donc essayé de tuer les Kennedy pour venger ma mort, dont vous les jugiez responsables.

– Plus que responsables. Coupables ! Au début, ça a été dur. Mais au fil du temps, leur agenda n'a plus eu de secrets pour moi. Au terme d'un travail de fourmi, j'ai découvert que Bobby s'était rendu un jour à Santa Fe en secret. J'ai remonté sa trace jusqu'aux environs de Santa Clara. Je ne me suis pas plus inquiété que ça de savoir ce qu'il allait foutre dans un coin aussi paumé. Une nouvelle maîtresse probablement. C'est en revoyant il y a quelques années le nom de ce patelin dans le descriptif de la poterie de chez Christie's, celle dont je t'ai parlé, que j'ai jugé la coïncidence troublante. Alors j'ai gambergé. Cette mystérieuse destination de Santa Clara te reliait soudain aux Kennedy. Ça m'a turlupiné. L'idée que tu sois encore vivante m'a alors effleuré l'esprit. Tu sais que j'ai créé un site internet qui t'est entièrement consacré ?

– Un de plus.

– Ouais, bon, en tout cas, j'ai quadrillé la région et posé des questions à tous ceux qui pouvaient jacter. J'y ai passé des années ! Quand on aime, on ne compte pas.

– Votre vie est censée m'intéresser ?

Le verre a volé à travers la pièce et s'est brisé contre la cloison.

– Je veux qu'elle t'intéresse, ma vie ! Car nous sommes liés.

Je me suis retranchée derrière le dossier d'un fauteuil et l'ai laissé déblatérer. Aucun son n'a émané de la chambre. Marilyn avait le sommeil lourd. Il a écrasé sa cigarette sur la table basse et m'a ordonné de l'écouter attentivement.

Il était fier de raconter son histoire qui révélait une rare opiniâtreté.

– Je suis tombé sur un pompiste de Window Rock qui s'est rappelé avoir vu à l'époque une limousine aux vitres teintées échouer dans son garage. Le radiateur fumait. Il faisait 50 degrés à l'ombre et seul le conducteur était descendu. Le passager était resté à l'intérieur de la voiture, en pleine fournaise pendant trois quarts d'heure, avant de repartir vers le nord. J'ai suivi cette piste jusqu'à ce que ton portrait se profile.

Si l'histoire de ce type était vraie, cela signifiait que l'un des frères Kennedy était revenu ici nous espionner.

– Ça m'a pris toute une vie de chien pour atterrir dans ta planque, a-t-il ajouté. J'ai attendu cet instant plus que tout.

– Où est Fletch ?

– Qui ?

– Mon chien.

– Il est dehors. Affectueux, le clebs. En revanche, c'est un piètre chien de garde. T'aurais dû prendre un doberman ou un rottweiler.

– Que voulez-vous ?

– Tu l'ignores encore ? Je te l'ai écrit des dizaines de fois.

– On ne m'a pas laissé lire vos lettres.

– Rattrapons le temps perdu.

– Je vous promets de lire vos prochains courriers.

– Inutile de correspondre. Nous sommes ensemble maintenant.

– Je ne désire aucune compagnie. Encore moins celle d'un homme.

– Alors c'est ça, tu es lesbienne ? Liz Taylor aurait-elle eu raison de te traiter de gouine ?

– Êtes-vous venu ici avec une malle pleine de ragots ?

– Offre-moi au moins une bière et l'occasion de faire un brin de toilette.

Il s'est levé vers moi. Je m'en suis écartée comme d'un pestiféré et j'ai gagné rapidement la cuisine. Il m'a emboîté le pas.

– Je n'ai pas d'alcool, ai-je annoncé en me voûtant devant le frigo ouvert. Limonade ou Perrier.

– Une limonade, ce sera parfait.

J'ai rempli deux verres que j'ai posés aux deux extrémités de la table.

Garder mes distances.

– Tu as été surprotégée par une armée d'agents, de coaches, d'avocats, de producteurs, d'amants. Que des pique-assiette qui t'ont empêchée de rencontrer les bonnes personnes !

– J'ai rencontré des gens bien.

– Mais pas désintéressés.

– Si, ici.

– Donne-moi cette chance à moi aussi d'être proche de toi.

– Ce n'est pas une chance.

Je savais de quoi je parlais. Être proche de Marilyn, c'était vivre au pied d'un volcan en activité.

– Juste ce soir, je t'en prie, Marilyn.

– C'est absurde, j'ignore qui vous êtes...

– Parce que tu n'as pas lu mes lettres. Tu aurais dû !... J'ai eu deux vies, moi aussi. La première n'est pas reluisante.

– Allez-vous me dire qui vous êtes à la fin ?

Il a descendu d'un trait le verre de limonade. Il avait vraiment soif. Voilà au moins une chose sur laquelle il ne mentait pas.

– J'étais chauffeur pour la mafia. Je bossais pour Johnny « Handsome » Roselli, le n° 2 de Giancana basé à Las Vegas.

– Un homme lige.

– Un quoi ?

– Un vassal, un bras droit, un homme de confiance, un sous-fifre...

– Ça va, c'est bon, j'ai compris ! Tout le monde n'a pas ton vocabulaire.

– Excusez-moi... L'émotion...

– Je te fais de l'effet ?

– Pas dans le sens où vous l'entendez.

– Tout a basculé le dernier week-end de juillet 1962. Le jour où j'ai conduit Roselli dans le Nevada, au Cal Neva Lodge.

– Vous étiez là ?

– Je savais que tu y serais. Putain, j'allais enfin te rencontrer !

Il a hésité une seconde. Je lui ai resservi de la limonade. Il a poursuivi.

– Sam Giancana et ses hommes étaient présents aussi. Mais ça, tu dois te le rappeler mieux que personne.

– Qui pourrait oublier ?

– Sinatra. Il a continué à chanter gaiement comme si de rien n'était.

– Comment êtes-vous au courant de ce qui s'est passé ?

– T'étais là, paumée et droguée. J'étais amoureux de toi depuis longtemps déjà. Depuis *Niagara*.

– Vous avez vu ce qui s'est passé ?

– J'ai assisté au viol. Et je n'ai rien fait pour les arrêter.

Je me rappelais les quatre agresseurs dans le bungalow. L'un d'eux s'était abstenu de violer Marilyn. Un gorille un peu perdu aux oreilles décollées.

– Dopey ?

– Ne m'appelle pas comme ça !

– C'est le surnom que Giancana vous donnait.

– Tu te souviens de moi alors.

– Les oreilles, lui ai-je indiqué.

– Ils t'ont souillée, ils ont pris des photos. Je n'en ai pas dormi pendant des semaines.

– Vous ne voulez pas que je vous plaigne en plus.

– Je voulais que tu me pardonnes.

Comment lui en vouloir alors que moi aussi j'étais restée passive ?

– Malheureusement, je n'ai jamais obtenu ton pardon. Les journaux ont annoncé ta mort une semaine plus tard. Putain, ce jour-là, j'ai bazardé tous mes disques de Sinatra.

– Pourquoi écriviez-vous à Marilyn ?

– Tu parles de toi à la troisième personne ?

Lapsus. Si je voulais lui laisser croire qu'il s'adressait à Marilyn, je devais être plus concentrée. J'ai essayé de rattraper le coup :

– Le personnage que j'ai créé est loin maintenant. J'ai tiré un trait. Je ne suis plus Marilyn Monroe. Je vous répète que vous perdez votre temps. Vous fantasmez sur quelqu'un qui n'existe plus.

– Je t'écrivais pour prendre de tes nouvelles, partager mes sentiments, te réconforter. Mais tu vivais dans un cocon blindé. Aujourd'hui tu es plus accessible. Tu as changé, comme tout le monde, mais Marilyn reste en toi.

J'ai soudain repensé à la manière dont l'entourage de Marilyn, moi en premier, faisait passer les fans pour des forcenés. Tout au long de sa carrière, Marilyn n'a eu de la réalité qu'une vision tronquée, en rupture avec son passé traumatisant, interprétée par d'autres, magnifiée par Hollywood, déformée par l'alcool et les médicaments.

Dopey s'est levé pour rincer son verre dans l'évier et s'est glissé dans mon dos. J'ai senti une odeur de fauve et de tabac, des poils drus irriter ma nuque. Ne sachant pas comment m'en débarrasser, je lui ai suggéré d'aller se laver. Il m'a priée de l'accompagner et de me maquiller, façon Marilyn.

– Après je te préparerai à dîner, a-t-il déclaré. Je suis sûr que tu n'as rien avalé ce soir. Au dessert, tu décideras si je pars ou si je reste. Offre-moi cette aubaine. Après toutes ces années…

Que pouvais-je faire ? Le repousser, au risque de transformer son excitation en crise de folie ou lui accorder ce qu'il demandait en espérant qu'il s'en tiendrait à un simple dîner ? La deuxième option allait le plus dans l'intérêt de Marilyn.

Il me restait à espérer qu'elle ne se réveillerait pas.

Je ne voyais personne depuis longtemps à l'exception d'une ancienne star peu accommodante. L'homme devant moi avait injustement souffert de son indifférence. Autant lui jouer la comédie, même si je n'avais pas les talents de Marilyn Monroe.

J'ai conduit le vieil adulateur à la salle de bains et lui ai fourni une serviette ainsi que de la mousse à raser. Il a insisté pour que je reste à ses côtés. Il a sorti un long rasoir de sa gibecière et l'a déplié délicatement, sans se presser. La lame a glissé au ralenti, en crépitant sur ses joues crasseuses et râpeuses, révélant peu à peu un visage hâlé, ridé, émacié, empreint d'émotion. J'ai ouvert le robinet pour noyer les ronflements de Marilyn que je croyais percevoir à travers la cloison. L'homme me surveillait du coin de l'œil. J'ai consenti à me farder. Mascara, rouge à lèvres, bouche entrouverte. J'avais vu faire Marilyn des milliers de fois.

J'ai improvisé une coiffure, carré cranté, avec un peu de laque. Les cheveux blancs donnaient l'illusion du blond platine. D'un froncement de nez, j'imitai le personnage candide et rieur le plus célèbre de tous les temps.

– Qu'est-ce que tu vas mettre ? a demandé l'inconnu en projetant son regard sur ma chemise de nuit.

– La radio.

Il a souri à la réplique que je venais d'emprunter à Marilyn. Elle remontait au jour où un journaliste lui avait demandé ce qu'elle avait mis lors d'une séance photo pour un calendrier.

– On est là comme un vieux couple, a-t-il apprécié. Chacun à son affaire, pour plaire à son conjoint.

– Je vous laisse prendre une douche. Désolée, je n'ai pas de vêtements à vous prêter.

– J'en ai dans ma voiture…

Profitant de l'aubaine, je me suis échappée vers la chambre sur la pointe des pieds et enfermée dans le dressing pour ne pas réveiller Marilyn. J'ai tiré au hasard une robe moulante qui lui appartenait. Elle se trouvait dans le dressing quand nous sommes arrivés à la ferme en 1962.

Le tissu flottait au niveau de mes seins tandis qu'il me comprimait la taille. J'ai brusquement réalisé que j'étais excitée à l'idée de partager la soirée avec cet homme qui manifestait de la vénération à mon égard. Je jouissais d'une sensation de puissance que Marilyn avait connue pendant des années. Face au miroir, j'ai jugé que je n'avais pas l'air si ridicule. Je n'aurais pas pu jouer les chorégraphies des *Hommes préfèrent les blondes*, mais, auréolée du mythe de Marilyn, je me suis sentie capable de séduire, malgré l'usurpation d'identité et le nombre d'années.

À travers la cloison, j'entendais l'eau couler. J'ai quitté la chambre sans avoir réveillé ma chère compagne et je me suis empressée d'inventorier le contenu du réfrigérateur. Je me suis surprise à fredonner *I'm in the mood*, de John Lee

Hooker. La faim me tenaillait. J'avais oublié de manger avant de me coucher. Dopey l'avait bien deviné. J'ai noué un tablier et allumé la radio réglée sur KTNN. *New world in the morning*, de Roger Whittaker a jailli du poste et m'a donné l'élan pour préparer une tarte aux pommes. Au moment de disposer les tranches sur la pâte, je me suis aperçue que la douche s'était tue et que j'aurais pu au moins rapporter les vêtements de notre hôte. Je me suis essuyé les mains et j'ai filé dehors.

Je ne voyais pas le véhicule de l'étranger. Pourtant la nuit était claire. La myopie m'a obligée à plisser les yeux. Un sac de voyage avait été jeté au pied des marches de la véranda. « Il n'a pas osé entrer avec ses bagages », ai-je pensé. Je suis descendue. Il ne s'agissait pas d'un sac. C'était un animal. Un chien. « Fletch ! » ai-je crié. Il dormait dans une position si étrange que je ne l'avais pas reconnu. Le setter était vautré sur le ventre. Il ne bronchait pas. Je l'ai retourné. Il avait la gorge ouverte et gisait dans une flaque opaque et poisseuse.

Mon cœur s'est à nouveau emballé. La douleur dans la poitrine est revenue. Je devais prendre sur moi pour ne pas flancher. Respirer profondément. L'instinct de conservation me poussa vers mon pick-up. Les clefs n'étaient pas sur le tableau de bord. Le stress m'avait fait oublier qu'elles étaient suspendues dans l'entrée. Je suis retournée à l'intérieur. L'étranger était dans le couloir, la taille ceinte d'une serviette. Sur sa poitrine décharnée, un tatouage représentait le visage de Marilyn dans sa version warholienne. Son regard m'a balayée de bas en haut. J'ai puisé dans la méthode

Stanislavski pratiquée par Marilyn pour effacer la terreur qui devait se lire sur mon visage.

– Tu n'as pas avec toi la robe blanche plissée de *Sept ans de réflexion* ? a-t-il demandé.

– Elle a été vendue aux enchères l'année dernière. À Beverly Hills.

– Par qui ?

– Debbie Reynolds. Elle collectionnait les costumes de Hollywood.

– À combien elle est partie ?

– Plus de 5 millions de dollars.

– Je vais chercher mes fringues, a-t-il lancé en fonçant droit sur moi.

Il a bombé le torse et me l'a collé contre le nez :

– Alors, qu'est-ce que t'en dis ?

– De quoi ?

– Le tatouage !

– Il est… euh… grand.

– Quelque chose ne va pas ?

– Vous m'avez fait peur. L'habitude d'être seule. J'avais déjà oublié que vous étiez là.

– À ce stade, cela relève plus de la maladie d'Alzheimer que de la solitude.

Il a ri de sa blague. Je l'ai contourné pour dissimuler ma frayeur dans son dos. Il m'a saisi le bras.

– Tu faisais une tarte ?

– Aux pommes.

– Je t'ai dit que je gérais tout. Vire ce tablier et installe-toi au salon.

J'ai obtempéré. Le grincement de la moustiquaire dans l'entrée a signalé qu'il était sorti.

C'était maintenant ou jamais.

J'ai tendu le bras vers le téléphone et composé le numéro du shérif. Un suppléant a décroché, à moitié endormi.

J'ai balancé tout en vrac :

– Je suis Martha Baxter, venez vite, il y a un psychopathe chez moi, il a tué mon chien.

– Vous voulez signaler le meurtre d'un chien ?

– Il veut s'en prendre à nous… non… à moi.

– Vous êtes combien ?

– Je vis seule.

Marilyn devait rester cachée.

– Où est-il ?

– Chez moi, je vous ai dit.

– D'où téléphonez-vous ?

– De chez moi, bon sang !

– Pas d'affolement. Il est près de vous ?

– Non, il est en train de s'habiller.

– Il est nu ?

– Dépêchez-vous, merde, sinon il sera trop tard.

– Il faudrait pour cela que vous consentiez à me communiquer votre adresse, madame Baxter. « Chez moi », c'est vague…

D'adresse, je n'en avais pas. Je lui ai indiqué un vague itinéraire balisé par des cactus, des rochers, deux collines, un canyon. Un trajet de quarante minutes à condition de ne pas se tromper et de rouler vite. J'ai raccroché sans prévenir car la moustiquaire a grincé.

– Qui appelais-tu ? a demandé l'homme sur le seuil en boutonnant un pantalon de toile.

Il avait gardé le torse nu.

– Je… C'était… Je voulais… faire livrer des pizzas…

– Des pizzas jusqu'ici ?

– Autrefois, je me faisais bien livrer du champagne de France ! Alors des pizzas dans le désert…

– Mets la tarte au four, a-t-il ordonné. Je me charge du reste.

Il a pris dans le cellier une boîte de haricots rouges et du concentré de tomates.

– Je vais te mitonner un chili con carne. Ma spécialité ! T'as de la viande hachée ?

– Dans le congélateur.

À la radio, le groupe punk-rock navajo Blackfire chantait *Mean things happenin' in this world.* L'inconnu a éteint le poste et s'est mis à cuisiner en braillant *« I want you, I need you, I love you… »* à la manière d'Elvis Presley. Muni d'une cuillère en bois et d'un moulin à poivre, il m'a scotché un baiser par surprise. J'ai sursauté sans pouvoir retenir un cri.

– Qu'est-ce qu'il y a ? Je te fais encore peur ?

– Oui… non… enfin…

– Je suis propre et rasé de près, tu n'as plus rien à craindre.

– Pourquoi avez-vous éteint la radio ?

– La musique indienne, ça me casse les couilles.

– Vous pourriez rester poli.

– Je suis en train de te préparer un bon plat, qu'est-ce qu'il te faut de plus ? Tu sais ce que disait mon père ? La politesse ne profite pas à celui qui la reçoit, mais à celui qui la donne.

– Savez-vous où est Fletch ?

– Fletch ?

– Mon chien.

– Il est dehors. Affectueux, le clebs.

– Vous vous répétez.

– En revanche, c'est un piètre chien de garde. T'aurais dû prendre un doberman ou un rottweiler.

Ce type avait déjà prononcé cette phrase, mot pour mot.

J'avais l'horrible impression de ne plus rien maîtriser. Au milieu de la nuit un inconnu touillait une sauce tomate et radotait dans ma cuisine !

– Ouh, là ! T'as pas l'air d'aller bien.

Il a baissé le feu, jeté ses ustensiles et m'a entraînée dans le salon. Il a posé un vinyle d'Elvis sur la chaîne stéréo. *Love me tender.*

Il m'a attirée contre lui et a entamé un slow.

– Tu veux que je te dise un secret ?

– Allez-y.

– Elvis n'est pas mort, lui non plus.

– Ah oui ?

– Il y en a qui le prétendent. Il aurait recommencé sa vie ailleurs. Comme toi. Je le vois bien profiter d'une retraite paisible quelque part en Floride.

Danser avec ce type était au-dessus de mes forces. Marilyn ne résistait pas aux élans affectifs des mâles en rut. Elle était jeune, naïve, téméraire, ambitieuse. Tout ce que je n'étais pas.

Je l'ai repoussé. Il s'est cramponné. Je me suis défendue. Il a broyé mon bras gauche. Je l'ai griffé. Mes ongles ont déchiré trois lanières de peau sur sa joue fraîchement rasée. Il m'a lâchée.

Je me suis réfugiée dans la chambre. J'ai verrouillé la porte et je me suis tapie près de la fenêtre. Ma vie ne tenait plus qu'à la rapidité d'un suppléant à moitié idiot et endormi.

– Ouvre, Marilyn !

– Martha ? appela une voix frêle.

Le tapage avait arraché Marilyn à son profond sommeil.

– Pourquoi ce chahut, Martha ?

Il ne fallait pas que l'agresseur l'entende.

– Tais-toi ! ai-je soufflé à ma compagne.

– Que se passe-t-il ? a-t-elle demandé.

De l'autre côté du battant, le type s'énervait.

– À qui tu parles, Marilyn ?

– Allez vous faire foutre !

Un long silence a précédé le vacarme.

La porte de la chambre a tremblé avant de s'ouvrir et de claquer contre la cloison. L'homme s'est engouffré dans la pièce en roulant des yeux. Il avait perdu son air flagorneur. Je me suis interposée entre lui et le lit. Il m'a balayée d'un revers de la main. J'ai roulé par terre jusqu'au dressing. Je l'ai fixé en contre-plongée. Il avait le visage en feu, les veines jugulaires enflées, le torse en sueur, la main droite crispée sur son rasoir. Il ne savait pas où porter son regard, ni ses coups. Alors il s'est mis à brailler :

– Qui vit ici ?

Aucune réponse. Le lit était vide. L'homme en furie s'est tourné vers moi :

– Tu m'as menti, salope ! Qui est avec toi ?

– Personne.

– Je t'ai entendue parler à quelqu'un. Qui cherches-tu à protéger ?

– Marilyn Monroe.

– Quoi ?

– Sérieusement, vous trouvez que je lui ressemble ?

– Pourquoi t'es-tu fait passer pour elle ?

– Vous vouliez absolument croire que j'étais…

– Où est-elle ? me coupa-t-il en levant son rasoir. Où est Marilyn ?

– Elle ne vous a pas attendu, pauvre cloche. Elle s'est enfuie.

La fenêtre était ouverte. Il m'a frappée de rage, a enjambé le rebord et sauté dehors en hurlant le prénom de son idole. J'ai attendu quelques secondes pour reprendre mes esprits. J'ai refermé la fenêtre et je me suis traînée vers l'entrée pour verrouiller la porte en espérant qu'elle tiendrait jusqu'à l'arrivée du shérif.

Dopey faisait le tour de la maison et déchirait la nuit de ses appels.

Impuissante, je me suis installée devant la coiffeuse. Comment Marilyn aurait-elle réagi face à ce malade mental ? Une de ses formules m'est revenue en tête : « La seule façon pour moi de devenir quelqu'un, c'est d'être quelqu'un d'autre ! »

J'ai machinalement saisi un fond de teint et fixé mon visage comme un peintre sa toile. Marilyn pouvait faire ce qu'elle voulait du reflet dans le miroir. C'était sa force, c'était son génie. J'ai nettoyé le maquillage bâclé que je m'étais fait dans la salle de bains pour appliquer sa technique que je connaissais par cœur et qui participerait à ma transformation.

Pose d'un fard irisé sur le contour de l'œil pour illuminer le regard et certaines parties du visage.

Poudrage avec un gros pinceau pour un effet mat.

Application d'un blush abricot pour donner de la couleur et du relief.

Dessin des sourcils en forme d'aile de pigeon.

Fard beige au pinceau plat pour redessiner les paupières.

Passage d'un pinceau spécial pour estomper et dégrader le fard.

Touche de fard blanc nacré sous le sourcil.

Touche de fard prune sur la paupière.

Eye-liner.

Trait de crayon blanc pour ouvrir le regard.

Pointe de blanc sur la muqueuse de l'œil.

Implant des faux cils pour étirer les yeux.

Un peu de poudre compacte sur la bouche.

Contour des lèvres avec le crayon.

Ajout d'une légère touche de couleur.

Rouge au pinceau pour peindre une bouche incendiaire.

Je reproduisais un travail digne de Léonard de Vinci. Une œuvre que Marilyn exécutait quotidiennement.

Pendant la métamorphose, j'entendais le forcené fouiller les abords de la ferme. Il faisait voler les poules dans la basse-cour, hennir la jument dans l'enclos, craquer les arbres du verger. Partout où il passait, il arrachait des plaintes à la nature. Il a fini par cogner contre la porte d'entrée. La maison a vibré sous les coups. Un fracas a précédé les pas lourds dans le couloir.

– Marilyn ! Je sais que tu es là !

La porte de la chambre s'est ouverte sans qu'il ait besoin de l'enfoncer une deuxième fois. J'avais anticipé en apparaissant sur le seuil dans une robe fuchsia. L'homme s'est figé, hébété.

– Qui êtes-vous ? lui ai-je demandé en empruntant la voix de Marilyn aux inflexions ironiques et lascives.

– Marilyn ! a-t-il balbutié.

– Vous vous appelez Marilyn ?

Il s'est approché à quelques centimètres de moi.

– Te fous pas de moi ! a-t-il postillonné.

Je n'ai pas reculé. Prête à lui résister.

– Pourquoi tout ce raffut ? lui ai-je lancé. Vous vous croyez où ?

– Je n'ai cessé de te chercher toute ma vie.

– Pourquoi ?

– Pour te serrer dans mes bras.

– Pfff ! Comme des millions d'autres !

– Les autres sont des spectateurs. Moi, je suis un acteur de ta vie.

– Quoi, vous êtes encore un de ces coaches à la con ?

– Je prétends à mieux que ça. Dieu a exaucé mes prières. Me voilà enfin à tes côtés, l'année du cinquantenaire de ta mort.

– Et c'est toi, le cadeau d'anniversaire ?

– Je n'aime pas le ton que tu emploies.

– Où est Martha ?

– Laisse cette mythomane où elle est.

– Que lui avez-vous fait ?

– Elle doit être en train de compter les bougies autour de son crâne. Elle mérite son sort !

– Barre-toi, connard.

– Quoi ?

– Tu as bien entendu. Va rejoindre les millions d'écornifleurs qui ont fabriqué le monstre que je suis devenue.

Une claque plus rapide qu'un éclair m'a zébré le visage. Je me suis retenue au chambranle.

– J'ai pas bien compris le sens de ta phrase, mais j'ai pas apprécié. Surveille ton langage.

– Oui, bwana.

– Tu veux finir toute seule ? C'est ça ?

– Je ne suis pas seule. Il y a Martha.

– Je veux dire avec un homme. Un compagnon qui partage tes joies et tes peines, mais aussi ton lit. Un homme qui te protège.

– Martha fait tout ça.

– Quoi, t'es gouine ?

– Je l'ai toujours été. On voit que t'as jamais connu mes maris ! Il fallait être lesbienne pour se tromper à ce point-là.

– Et tous tes amants, c'était pour la galerie aussi ?

– Que des marchepieds vers le pouvoir.

– Je vais te faire aimer les hommes, les vrais. Il n'est pas trop tard.

– Si. J'ai sommeil.

– J'adore ta repartie.

– Dehors !

– On ne peut pas se quitter maintenant. On est pareils, Marilyn. Moi aussi j'ai eu une enfance terrible, un père qui me battait, une mère absente, des fréquentations qui m'ont conduit à commettre des choses contre mon gré.

– Désolée, je préfère être malheureuse et seule que malheureuse avec un paumé.

– Arrête de fuir le bonheur, Marilyn. Tu préfères souffrir, c'est ça ? Alors, soit ! Je vais te satisfaire !

Une lueur noire a traversé son regard et lui a donné un air maléfique.

– Je vais te tuer, a-t-il menacé. Te tuer, te baiser, te découper, je ne sais pas dans quel ordre, mais il faut que je m'y attelle. Assez perdu de temps.

Il m'a poussée sur le lit, a sauté sur moi, m'a serré le cou d'une main ferme et soulevé son rasoir de l'autre. Un scintillement a transpercé la pénombre. D'un geste tranchant, il a ouvert ma robe en deux, en entaillant la chair. Mon ventre a ruisselé. J'ai appelé au secours dans un gargouillis. La main en tenaille s'est écartée de mon gosier pour se plaquer contre ma poitrine.

– T'es déjà morte depuis longtemps, Marilyn. Mangée par les vers ! Personne ne me reprochera de t'avoir assassinée une deuxième fois.

Il a ricané. Je me suis débattue. Il a enfoncé le rasoir dans ma bouche.

– Tout ce que j'ai fait pour toi, putain ! Après le viol du Cal Neva Lodge et ta disparition une semaine plus tard, je me suis juré de te venger. Je me suis investi dans l'élimination de tous ces salauds qui étaient impliqués. Cela a donné un sens à ma vie. Et maintenant, toi, tu me jettes un « Dehors ! » à la figure, comme si j'étais un démarcheur. Tu ne méritais pas que je tue pour toi !

Paralysée, la langue contre le métal effilé, j'ai craché mon effroi par les yeux. Un rire gras s'est répandu dans la chambre.

– Eh oui ! Comme j'ai dit à ta copine, j'ai plombé les Kennedy. Tes deux derniers amants ! Elle ne m'a pas pris au sérieux, mais toi, je sens que tu m'écoutes. En même temps, tu n'as pas trop le choix... Ha ! ha ! ha ! Ouais, j'ai consacré cinq ans de ma vie à traquer ces deux pourritures ! Je voulais leur faire payer ton viol et ton assassinat, auquel tout le monde croyait. Les Kennedy n'étaient pas les seuls sur ma liste noire, mais ils étaient en tête. Et moi, aux côtés de Johnny « Handsome » Roselli, j'étais bien placé pour agir.

De l'incrédulité s'est mêlée à mon effarement. Je ne pouvais pas parler, ni bouger, seulement entendre les propos d'un agresseur surexcité qui me postillonnait sa vérité au visage.

– Quoi, tu ne me crois pas ? On te raconte que c'est compliqué, qu'il y en a des caisses dans les archives secrètes du FBI. On a tout imaginé dans les bouquins et dans les films. Pourtant, c'est simple. La mafia voulait la peau de John Kennedy. Le petit enfoiré qui avait été élu grâce à eux n'avait pas tenu ses engagements. Les politicards ne respectent aucun code de l'honneur. Au lieu de laisser la mafia tranquille comme convenu, Jack a nommé son frangin procureur général des États-Unis et l'a lâché à nos basques. Il fallait donc flinguer Jack pour se débarrasser de Robert. Tu sais ce qu'il disait Carlos Marcello [1] ? « C'est comme avec les chiens, pour qu'ils cessent de mordre, il faut leur couper la tête, pas la queue. » C'est là que j'ai proposé mes services.

Il a ressorti la lame de ma bouche pour simuler une décapitation. J'en ai profité pour tenter d'instaurer un dialogue.

– Tu as fait tout ça pour moi ?

Surpris par ma question, il a interrompu ses gesticulations.

– Tu sais encore rien. Comment tu peux dire ça ? T'essaies de m'embrouiller ?

– J'essaie de comprendre.

– Giancana et l'Outfit ont mis au point un plan avec la CIA, qui craignait que Kennedy ne démantèle l'Agence après son désengagement lors de l'invasion de Cuba. On a envoyé cinq hommes pour le buter. Charles Nicoletti, son chauffeur James Files, Johnny Roselli, qui avait des liens avec la CIA, Lee Harvey Oswald et moi. On en a briefé aussi un sixième, tu vas voir pourquoi.

– Nicoletti ? ai-je souligné avec un vague étonnement.

Je connaissais ce nom.

– Charles Nicoletti, alias « Typewriter » ou « Chucky Typewriter », bras droit de Sam Giancana et tireur d'élite de

1. Chef mafieux de La Nouvelle-Orléans, associé à Sam Giancana et Jimmy Hoffa dans le complot visant à assassiner John Kennedy.

l'Outfit. Pour la petite histoire, il a zigouillé son père qui avait abusé de lui dans sa jeunesse.

– Pourquoi cinq tueurs ?

– Je vois que ça t'intéresse. T'as pas ça dans tes carnets à la con, hein ?

– Je veux juste savoir ce que tu as fait pour moi.

– On n'avait pas droit à l'erreur. Roselli et Giancana avaient foiré l'empoisonnement de Castro que la CIA leur avait commandité. Cette fois, il ne fallait pas se louper. À Dallas, Nicoletti était perché dans la tour Dal-Tex, qui donnait sur le parcours présidentiel. James Files et moi, on était en soutien derrière une palissade à quelques mètres de la limousine, prêts à tirer au cas où JFK n'aurait pas été descendu par Nicoletti. Pour assurer encore plus le coup, on avait des balles avec des pointes en mercure qui explosent à l'impact. Au sixième étage du dépôt de livres scolaires, il y avait Roselli qui veillait personnellement au bon déroulement de l'opération et contrôlait notre bouc émissaire.

– Oswald ?

– Ouais. Le loser de service qui allait prendre pour tout le monde. Le jour J, Kennedy s'est fait dessouder par Nicoletti comme prévu. Quand la limousine est apparue dans mon champ de vision, il avait déjà une bastos en travers de la gorge. Rien à foutre, j'ai pensé à toi et je l'ai fumé en plein dans le crâne. Putain, sa cervelle de malade a giclé sur sa pouffe, qui a cherché à se barrer à quatre pattes sur le coffre. Bonheur total. Tu connais la suite. Lee Harvey s'est fait serrer. Jack Ruby l'a dessoudé avant qu'il ne parle.

– Ruby était votre sixième homme.

– T'as tout compris.

– Et Bobby ?

– La mort de son grand frère m'a compliqué la tâche. La mafia et la CIA avaient eu la tête du chien. Elles s'en foutaient de la queue ! Pour flinguer ce connard, je me suis retrouvé seul. Cela m'a pris quelques années. Jusqu'à ce que je rencontre un mec qui me branche sur l'hypnose. T'y crois, toi, à l'hypnose ?

Il a roulé des yeux au-dessus de moi. S'il ne m'avait pas menacée avec son rasoir, la situation aurait été risible.

– Je n'ai jamais essayé.

– Il faut un sujet réceptif, OK ? Pour le contrôler mentalement. Je me suis entraîné à programmer les gens, à leur faire faire tout ce que je voulais. Un mec m'a signé un chèque, une fille m'a sucé. Tout, j'te dis !

– C'est ignoble !

– Toi, ils te droguaient pour que tu te mettes à genoux, moi je suggérais par hypnose. C'est plus naturel. Grâce à l'hypnose, j'ai trouvé le tueur idéal. Sirhan Sirhan. Un nom débile pour un simple d'esprit d'origine palestinienne maronite, versé dans l'occultisme. En plus, il était antisioniste, radicalement opposé à la politique américaine pro-israélienne. J'avais le gogo parfait. Je l'ai hypnotisé, je lui ai collé un calibre 22 dans la main et je me suis fendu d'un déguisement jusqu'à l'Ambassador Hotel. Robert Kennedy était en train d'y fêter sa victoire aux primaires de Californie. On l'a attendu dans les cuisines par lesquelles il devait passer pour se rendre en salle de presse. Sirhan Sirhan a vidé son chargeur sur Kennedy. Pan ! Pan ! Pan ! Pan ! Pan ! Pan ! Pan ! Pan !

Il a mimé chacun des coups de feu avant de continuer :

– Au milieu de la pétarade, j'ai tiré moi aussi sans me faire remarquer, rien que pour toi. Mon geste a alimenté la théorie du deuxième tireur mais personne n'en a jamais eu la preuve. Sirhan Sirhan s'est chopé perpète sans avoir compris ce qui lui arrivait. Tu veux que j'essaie de t'hypnotiser ?

J'ai saisi l'opportunité.

– Oui.

Il m'a fixée avec des yeux de malade. J'espérais que le moment serait opportun pour contre-attaquer. Mais je jouais un jeu dangereux. Le contrôle mental fonctionne sur les sujets à fort conformisme social et à forte capacité de dissociation. J'étais à l'opposé du premier critère mais je correspondais au second. J'étais Martha Baxter dans la peau de Marilyn Monroe. Laquelle des deux allait-il hypnotiser ? S'apercevrait-il que je n'étais pas Marilyn ?

Assis sur moi, il m'entravait. Il était fort malgré son âge. Il a compté à rebours de cinq à zéro et m'a commandé de l'embrasser. Simulant celle qui était sous son emprise, je me suis contrainte mollement à poser mes lèvres sur les siennes.

– Dis-moi que tu m'aimes, a-t-il susurré.

– Je t'aime.

– Pas assez convaincant. Tu veux que le monde t'aime et tu es incapable de dire « Je t'aime » !

Les mots ne sortaient pas de ma bouche.

Comme si je ne devais plus jamais parler, bouger

Transparence

Laisser aller
Plus bas, plus bas, derrière
Va chercher là
La bonne tension

Je récitais mentalement du Marilyn Monroe ! Incroyable, l'hypnose avait provoqué un transfert. Il fallait à tout prix que j'empêche ce type d'entrer dans mon cerveau. J'ai flatté son amour-propre pour l'inciter à poursuivre son récit. Cinq mots ont suffi.

– Giancana, c'est toi aussi ?

– Qu'est-ce que tu crois ? Mais le fils de pute a été difficile à atteindre.

– Plus difficile que les Kennedy ?

– Un peu que oui !

Je l'ai relancé sur la narration de sa vendetta. Une vendetta qui s'étalait sur douze années et dont il n'avait jamais pu se vanter. L'assassin de trois maîtres du monde des années 1960 était condamné à l'humilité et au silence. Sauf devant celle pour laquelle il s'était engagé. Il a coupé court à son numéro d'hypnose et terminé son histoire.

– Giancana était sacrément protégé, a-t-il expliqué en se grattant le crâne avec la main qui enserrait le rasoir. J'ai dû manger mon pain noir. Il m'a fallu sept ans de plus pour l'avoir. Je suis resté au service de Roselli en attendant qu'un contrat soit mis sur la tête de Momo [1]. Le moment a fini par arriver où il a été appelé à comparaître devant une

1. Surnom de Salvatore Giancana, dit aussi « Mooney » ou « Sam le Cigare ».

commission d'enquête sénatoriale. Rapport avec les assassinats des Kennedy et les agissements conjoints de la CIA et de la mafia pour assassiner Castro. Son élimination a été validée par l'Outfit pour éviter tout risque qu'il se mette à table. Je me suis mis sur les rangs. Roselli, qui avait préparé l'opération avec Joey Aiuppa [1], m'a recommandé. Je me rappelle, ce jour-là, Momo était en train de faire un barbecue dans son putain de jardin. On est arrivés par-derrière et on lui a logé une balle dans la nuque. Puis on l'a retourné sur le dos comme les saucisses de son barbecue et on lui a tiré six bastos autour de la bouche pour signifier qu'on le réduisait au silence. Une vraie bouillie. L'histoire ne dit pas que je lui en ai tiré une aussi dans les couilles. Mon message personnel. À ton intention.

– Tu m'as vengée.

– Je te sens pas sincère.

– Qu'est-ce que tu attends de moi ?

– Tu le sais. Je veux vivre avec toi. Je t'aime. Mais tu m'as fermé ta porte.

– J'avais peur.

– En quoi je te fais peur ?

– Tu as tué Fletch.

– Qui ?

– Mon chien.

– Il est dehors. Affectueux, le clebs. En revanche, c'est un piètre chien de garde. T'aurais dû prendre un doberman ou un rottweiler.

1. Joey Aiuppa fut le parrain du Chicago Outfit de 1971 à 1986. Il succéda à Sam Giancana.

C'est à ce moment que j'ai flanché. Pour la troisième fois, il répétait les mêmes mots sur mon chien. Était-il fou ou bien était-ce moi ? J'ai paniqué. Une décharge d'adrénaline m'a soulevée du lit. J'ai tenté de libérer mon bras droit pour lui arracher le visage. Mais Dopey était beaucoup plus fort et sa position lui donnait l'avantage. Ma réaction l'a rendu furieux. Il a renfoncé sa lame dans ma bouche.

– Ou… ê… …ou !

Il a ressorti le rasoir pour que je traduise mon gargouillis.

– Vous êtes fou !

– Mais t'as rien compris, alors ?

J'ai profité de son étonnement pour glisser un oreiller entre lui et moi et rouler sur le côté. L'homme a crevé le bouclier de plumes. Je n'ai pas eu le temps de toucher le sol. Happée et hissée par les cheveux, j'ai hurlé. Il m'a enfourchée en vociférant :

– Je ne suis pas fou, Marilyn ! Je t'aime ! Il n'y a que toi et moi ! Toi et moi ! Toi et moi ! Toi et moi ! Toi et moi ! Toi et moi !

On aurait dit un disque rayé. Il a collé sa lame froide sur mon front en sueur et a conclu sa scansion par cette question :

– Faut que je t'ouvre le crâne pour te faire entrer ça dedans ?

Dans le salon, Elvis a entonné *Don't be cruel*. Dopey l'a accompagné en battant la mesure avec son rasoir. Nue, sous les éclats de voix, de postillons et de transpiration, je surveillais l'acier acéré qui lacérait l'air. L'agresseur arborait un masque extatique, moins expressif que son tatouage qui grimaçait atrocement à chaque mouvement. Dans une tentative désespérée de raisonner l'agresseur, j'ai crié que je n'étais qu'une ombre de la star dont il était épris, qu'il aimait une image, une icône, pas une personne. En vain. Il n'écoutait plus. Il avait fermé les yeux, sans cesser de fendre l'espace entre lui et moi. Un geste sur deux m'atteignait tandis que mon corps se creusait de sillons écarlates.

Une douleur fulgurante transperça mon cœur de vieille femme. Ratés cardiaques. Hoquets de caillots. Goût du fer dans ma bouche. Mon cerveau endormi était prêt à libérer le glutamate qui déclenche l'ultime flash. Vision d'un long tunnel, d'une lumière tout au bout.

Oh comme j'aimerais être
Morte
Absolument non existante
Partie loin d'ici
De partout
Mais comment le ferais-je ?

Dans le tunnel de la mort était tapie la créature, le « monstre », le « scorpion affamé », comme disait Norman Mailer en parlant de Marilyn Monroe. J'ai entendu sa voix. Elle m'a exhortée à l'action.

Un coup de genou entre les jambes a interrompu la symphonie hystérique de mon agresseur. Cinq ongles tranchants ont griffé sa figure. Un sixième se planta dans son œil droit. Il a beuglé comme une bête et porté ses mains au visage. J'ai saisi un livre sur la table de chevet pour le jeter comme un pavé. *Les Frères Karamazov* ont tapé sur la lame, qui s'est enfoncée en travers de son front. J'ai empoigné ensuite la lampe de chevet, que j'ai brisée sur son crâne fendu. L'ampoule a éclaté dans son oreille. Il a hurlé à la mort. Mais je n'ai pas vu la lame meurtrière qui voletait encore autour de moi. Secoué par une contraction nerveuse, il a coupé l'air sous mon menton avant de basculer par terre. J'ai porté ma main à la gorge ouverte sur un flot bouillonnant. Trop tard.

Dans une tentative désespérée, je me suis mise debout, en prenant appui sur le montant du lit. À mes pieds gisait Dopey. Hors de moi, j'ai hurlé sur le cadavre en me vidant de mon sang :

– Tu croyais avoir affaire à qui ? Tu as été battu par ton père ? Ta maman n'était pas à la maison ? Pauvre petit zob ! Moi, mon père, je ne l'ai jamais connu. Ma mère, mes grands-parents, mon arrière-grand-mère ont été internés à l'asile, mon oncle s'est suicidé. J'ai été trimballée dans des familles d'accueil et des orphelinats ! On me donnait des bouteilles de whisky pour jouer à la poupée, j'ai été violée à 9 ans, maltraitée à 12, mariée à 16, battue par mes maris, par les gros bras de Giancana, par Sinatra, par mon psychiatre, par Kennedy, j'ai été traquée par le FBI, la CIA, la mafia, Castro et par des minables dans ton genre. J'ai été alcoolique, droguée, diagnostiquée hystérique, suicidaire, bipolaire, paranoïaque, schizophrène, *border line*. J'ai développé un trouble de la personnalité multiple pour peupler ma putain de solitude ! Pauvre taré, tu croyais me faire peur ? MAIS C'EST MOI, LA PSYCHOPATHE !!

Puis je me suis effondrée.

Mon cœur s'est arrêté.

J'ai entendu une voix.

Marilyn m'appelait.

Mes yeux se sont ouverts sur le plafond du salon.

J'étais par terre, sur le tapis.

J'ai bougé un bras et palpé ma gorge. Elle était intacte.

– Qu'est-ce qui t'est arrivé ? m'a demandé Marilyn.

– Je suis morte ou je rêve ?

– Tu reprends connaissance.

– Où étais-tu, toi ?

– Je dormais.

– Tu as le sommeil lourd.

– Tu préférais quand j'étais insomniaque ?

Je me suis redressée avec le dos en compote. J'étais vêtue de ma chemise de nuit. Au terme d'un rapide examen, j'ai constaté que je n'avais aucune blessure à part une ecchymose à la hanche que je m'étais faite en tombant. J'ai marché doucement jusqu'à une glace qui m'a renvoyé le reflet du visage de Martha Baxter. Une brise légère pénétrait dans la maison.

– C'est toi qui as ouvert ?

– Pourquoi j'aurais fait ça ? s'est étonnée Marilyn.

C'est là que j'ai vu le corps.

Il gisait sur le seuil du salon.

Mon agresseur.

– Qui c'est ? s'est étonnée Marilyn en découvrant la victime.

– Je ne sais pas, ai-je répondu.

Nous nous sommes approchées avec prudence. Je me suis agenouillée. À ma grande surprise, ce n'était pas Dopey. Il avait la cinquantaine et aucun pouls.

– Il est mort ? a demandé Marilyn.

– J'ai tué ce type, ai-je balbutié.

– Pourquoi ?

– J'ai paniqué.

J'étais une meurtrière.

En le retournant pour le fouiller, j'ai découvert un revolver sous son ventre. Ses poches contenaient des clefs de voiture et quelques dollars.

J'ai retourné sa besace sur laquelle j'avais trébuché. Il en est tombé un kit de crochetage de serrures, une lampe torche, un pied-de-biche, un chalumeau, des tenailles, de la corde, des menottes en plastique…

– L'équipement d'un cambrioleur, ai-je constaté.

– Tu crois qu'il était là pour mes carnets ?

– Ou pour nous torturer.

– Pourquoi aurait-il voulu nous faire du mal ?

– Il y a plus de raisons de faire le mal que le bien. La cupidité, la vengeance, le sadisme, la vanité, la paranoïa, la peur… Regarde ce que j'ai fait !

– Ne te reproche rien. Tu as voulu nous protéger. Tu nous as sauvé la vie.

– On ne le saura jamais.

– Il faut partir d'ici.

Je suis sortie sur la véranda. Le soleil se levait. En apercevant le cadavre de Fletch gisant au milieu de la cour, mon cœur a eu des ratés. J'avais perdu l'habitude des sensations fortes. Si les drames continuaient à se succéder à ce rythme, mon système cardiaque n'y résisterait pas.

L'homme avait caché son véhicule derrière la grange. Un van Ford couvert de rouille et de poussière. Une paire de Ray-Ban était posée sur le tableau de bord. L'inspection de l'habitacle et du coffre ne m'a rien appris de plus sur son propriétaire qui avait eu la mauvaise idée de s'arrêter ici. Je me suis empressée d'enterrer Fletch pour cacher cette mauvaise nouvelle à Marilyn. La deuxième urgence était de reconstituer les événements de la nuit afin d'agir en conséquence. N'y parvenant pas, j'ai écrit noir sur blanc les faits tels qu'ils étaient agencés dans ma mémoire. J'ai essayé de comprendre comme lorsqu'on raconte son rêve pour lui donner un sens.

Un homme a pénétré chez nous par effraction après avoir tué Fletch. Je l'ai surpris sur le seuil du salon et l'ai frappé avec le tisonnier. J'ai cru l'avoir assommé. Je me suis précipitée vers le téléphone. La peur m'a privée de mes moyens. J'ai perdu connaissance. Combien de temps ? Je ne sais pas. Mon corps s'est figé mais pas mon cerveau fertile et fiévreux, qui a continué à dérouler une illusion de réalité déclenchée par l'effraction nocturne du cambrioleur, alimentée par mes obsessions, brouillée par ma confusion. À partir de là, j'ai imaginé que le voleur s'était relevé avec les traits vieillis du gorille aux oreilles décollées qui avait assisté au viol du Cal Neva Lodge. Le mafieux Dopey en fan vengeur ! Rien que ça ! Son comportement insensé et sa rengaine sur Fletch sont typiques de ces rêves absurdes. Au cours de ma syncope, j'ai associé cet homme que j'avais refoulé au fond de ma mémoire à ce que j'ai découvert sur la mort des Kennedy et de Giancana et qui hante mon inconscient. Mon évanouissement a servi de trop-plein ! Ma propension aux dialogues a fait le reste et donné de la vérité à mon délire.

La voix de Marilyn m'a arrachée à ces divagations. Malheureusement le début du cauchemar était vrai, car je me retrouve avec un cadavre dans la maison. Le coup de tisonnier avait été mortel !

Ces derniers mots sont une catharsis mais aussi une confession destinée à Dieu. Et uniquement à Lui. J'espère qu'il me pardonnera.

Ensuite ?

Ensuite, nous allons partir, Marilyn et moi. Vider les tiroirs du nécessaire, remplir quelques valises de l'essentiel, brûler tout le reste et fuir à nouveau. Je vais libérer les animaux, mettre toutes nos affaires en tas.

Avant de monter dans le van de l'inconnu, il ne nous restera plus qu'à verser un jerrican d'essence sur notre vie et à craquer une allumette.

La police fera son affaire du cadavre et conclura à la mort de Martha Baxter.

11

Fin ?

Le cadavre calciné était donc celui d'un cambrioleur qui avait pénétré par effraction dans la ferme.

– Comment expliques-tu le comportement de Marilyn ? demanda mon épouse.

– Quel comportement ?

– Elle ne s'est pas réveillée pendant que Martha repoussait le cambrioleur.

– Le plus gros de la lutte s'est déroulé dans sa tête.

– Attends, elle s'est pointée à l'aube dans le salon pour réanimer Martha sans avoir vu le cadavre qui gisait en travers du passage ?

– Où veux-tu en venir ?

– Tu as remarqué que Martha ne décrit jamais Marilyn physiquement ?

– C'est vrai.

– Et ces propos qu'elle tient à son agresseur à la fin, on dirait que c'est Marilyn qui parle.

– Tu en déduis quoi ?

– Martha et Marilyn ne sont qu'une seule personne.

Je me repassai tous les chapitres du journal pour trouver la faille de cette théorie. Je n'en trouvai aucune.

– Tu as raison, bébé.

– Marilyn reconnaît elle-même qu'elle est schizophrène. Je ne veux pas faire de la psychologie de comptoir, mais à force d'être seule, elle s'est créé plusieurs identités.

Martha Baxter aurait ainsi été le dernier rôle de Marilyn. Celui d'une fermière seule et inflexible, ne dépendant de personne ni d'aucun diktat, ne fréquentant que des personnages qu'elle avait conçus dans la vie ou au cinéma avant de les détruire. Un peu comme le fit un autre grand artiste avec Ziggy Stardust, Aladdin Sane, Halloween Jack et The Thin White Duke.

– Martha Baxter, me répétai-je sur un ton incantatoire en visualisant Marilyn Monroe.

– Martha Baxter n'était peut-être pas son dernier rôle.

Je levai les yeux du carnet pour quérir une nouvelle explication de texte.

– À quoi tu penses, partenaire ?

– La ferme était encore en train de brûler quand on est arrivés. Martha ne devait pas être loin. Et comme on n'a croisé qu'une seule personne sur la route, à part l'Indien...

– Quoi... tu crois que la cow-girl... Gladys ?

– Je ne crois rien. Pour moi, Marilyn est morte depuis longtemps, alors, ce que je crois n'a aucune importance.

– Gladys avait bien 80 ans passés, non ?

– Elle avait à peu près l'âge qu'aurait Marilyn Monroe.

– Elle conduisait un van. Un Ford.

– Celui du cambrioleur.

– Gladys était le prénom de la mère de Marilyn Monroe, ajoutai-je.

Ce qui me troublait le plus n'était pas de savoir que Marilyn Monroe était encore vivante en 2012, mais que je l'avais peut-être rencontrée. Et qu'elle m'avait embrassé !

J'allumai le Caméscope numérique avec fébrilité pour visionner la vidéo du changement de roue. Le chapeau de Gladys ombrageait ses traits. Si elle avait voulu qu'on ne l'identifie pas, elle ne s'y serait pas prise autrement.

– Inutile de t'user les yeux sur ce film. Comment pourrais-tu reconnaître Marilyn Monroe dans le corps d'une fermière de 86 ans ?

– Quand je pense que je l'ai aidée à remplacer son pneu.

– Elle t'a même remercié d'un baiser.

– Et laissé son chiffon sale.

Un saint suaire de cambouis.

– Tu pourras l'encadrer ou le revendre très cher, apprécia ma chérie.

– Il n'y a qu'un moyen d'être sûr.

– À propos de quoi ?

– De Gladys, de l'auteur du journal, de l'identité du cadavre.

– Tu proposes quoi ?

– De retourner sur les lieux de l'incendie. On trouvera bien un autre indice.

Nous avons vidé nos verres de Coca, repris le volant et rebroussé chemin.

– Tu vas trop vite !

– On ne risque rien, bébé.

– On y sera dans seize minutes.

Je reconnus soudain la double colline. Je contournai l'obstacle et me garai à proximité des décombres.

– Alors, combien de temps ?

– Seize minutes, confirmai-je.

Un deuxième pick-up était garé dans la cour, à côté de celui de Marilyn. Nous n'étions pas seuls.

– Qu'est-ce qu'on fait ? demandai-je.

– Allons voir. Qu'est-ce qu'on risque ?

– Évitons de parler des carnets.

Ma partenaire les rangea dans la boîte à gants.

L'atmosphère empestait le brûlé. Il ne restait du bâtiment principal qu'un squelette de planches et de poutres calcinées au milieu duquel trônait toujours la cheminée en pierre. Les pieds dans les cendres et cerné par les fumerolles, un homme nous fixait. Il marcha à notre rencontre. C'était un Navajo. Il avait une cinquantaine d'années et l'air abattu.

Les premiers mots allaient décider du reste. Je ne savais pas lesquels formuler et laissai ma partenaire s'en charger.

– On peut aider ? demanda-t-elle.

– Non, dit l'homme. Il n'y a rien à sauver.

– Il y a des victimes ?

– Non.

Il mentait car il ne pouvait pas ne pas avoir vu le cadavre.

– C'est votre ferme ?

– Non.

Nous l'avons considéré sans bouger, peu satisfaits des « non » qu'il nous envoyait au visage.

– Il faut prévenir la police, dit Coco.

– Je viens de le faire.

S'il avait menti sur le cadavre, il pouvait mentir sur le reste.

– Et vous, qui êtes-vous ? demanda-t-il.

– Des touristes, répondis-je. De France. On a vu de la fumée nous aussi.

– Cela fait un moment que cela ne brûle plus.

– On s'est égarés en venant.

– Vous pouvez repartir, dit-il. Je vais attendre la police ici.

Échange de regards.

– Quoi ? s'étonna l'Indien.

– Vous savez à qui appartenait cette ferme ? tenta mon épouse.

Il nous resservit un « non ». Une voix jaillit des décombres. L'Indien se troubla et se retourna sur une jeune femme qui sortait de la grange partiellement brûlée. Elle portait une poule dans les bras.

– Ma fille, dit l'Indien.

– La jument a disparu, déclara-t-elle sans lâcher la poule qu'elle serrait contre sa poitrine.

Je fus saisi par la beauté de la jeune métisse. Elle avait moins de 30 ans et de longs cheveux noirs, portait des bottes, un jean, une chemise à carreaux aux manches retroussées et couverte des plumes du volatile. Sa bouche était pulpeuse, ses yeux bleu gris d'une tendresse ensorcelante. Mon cœur s'accéléra. Je n'étais pas physionomiste, mais ces yeux-là, je les avais déjà vus sur grand écran ! J'essayais d'extrapoler à partir de ce que nous avions lu dans les journaux intimes. Et si les indices que nous étions revenus chercher étaient juste devant nous ? Comme nous ne bougions pas, l'Indien voulut nous rassurer :

– On s'occupe de tout.

Manifestement, il n'en dirait pas plus. Je tentai alors mon joker.

– Vous êtes Sam ?

– Comment connaissez-vous mon nom ?

– Avez-vous un lien avec Martha Baxter ? attaqua Coco.

– Qui êtes-vous ? demanda l'Indien en se rapprochant de sa fille.

– On va attendre la police ensemble, décida ma partenaire.

– Vous connaissiez Martha ? demanda la belle métisse.

– Je crois qu'on l'a croisée il y a deux heures, répondis-je.

– Quoi ?

Elle en lâcha la poule.

– Qui est le cadavre alors ?

L'Indien fit signe à sa fille de se taire, mais il était trop tard.

– Nous avons vu le cadavre nous aussi, l'informa Coco.

– On était là au moment de l'incendie, expliquai-je. On n'a rien pu faire. La victime était déjà carbonisée. Nous sommes partis prévenir le shérif mais nous avons rebroussé chemin.

– Je ne comprends pas, dit l'Indien.

– Écoutez, négocia ma partenaire, vous détenez une partie de la vérité. Nous détenons l'autre. Partageons ce que nous savons.

– Je m'appelle Grushenka, déclara la métisse.

– Comme dans *Les Frères Karamazov*, soulignai-je.

Une bouche sensuelle, des yeux bleu gris, le prénom de l'héroïne russe que Marilyn rêvait d'interpréter. Je creusai la piste de l'ascendance :

– La personne qui vivait ici a eu une influence sur ces yeux et ce prénom, n'est-ce pas ?

– Ma grand-mère.

– Comment êtes-vous au courant ? s'étonna Sam.

– On a réussi à sauver ses journaux intimes.

– Vous détenez ses journaux intimes ? s'écria Grushenka.

– Nous en avons récupéré cinq. Des pages ont été arrachées et brûlées, probablement celles qui sont les plus personnelles. Mais il reste assez d'informations pour deviner qui les a écrites et qui est le cadavre. Nous étions en route pour remettre tout ça au shérif de Fort Wingate lorsque nous avons croisé une vieille dame sur le bord de la route. Elle avait un pneu crevé. On l'a aidée à changer sa roue et on lui a parlé de l'incendie. Elle nous a conseillé de lire ces carnets avant de les remettre aux autorités. C'est ce que nous avons fait avant de revenir sur les lieux du sinistre pour en savoir plus.

– Elle avait quelle voiture ? demanda Sam en jetant un œil sur le pick-up de Martha.

– Un van. Il appartenait à l'homme calciné. Martha Baxter a reçu cette nuit la visite d'un cambrioleur. Elle s'est défendue comme elle a pu et s'est arrangée pour qu'on la croie morte. Sa spécialité.

La perplexité se lisait sur leurs traits. Pour la dissiper, nous sommes allés chercher le Caméscope dans la Dodge. Je leur montrai le bout de film avec la cow-girl.

Grushenka a reconnu immédiatement la gestuelle de sa grand-mère et joint ses mains sous ses yeux bleu gris rougis par les larmes. Sam se dérida :

– Bon sang, elle est vivante !

– Que s'est-il passé ? demanda Grushenka.

Nous leur avons raconté ce que le journal révélait des événements de la nuit et profité de leur stupeur pour les interroger sur Martha Baxter.

– Si vous avez lu ses confessions, vous ne pouvez pas ignorer qui est Martha, répondit Sam.

– On aimerait avoir votre confirmation, précisai-je.

– Est-ce qu'il s'agit de Marilyn Monroe ? tenta Coco.

– Non.

– Alors qui ?

– Norma Jeane Baker. Marilyn Monroe est un personnage qu'elle a créé en 1945.

– Grand-mère a fait croire à sa mort en 1962 afin de recommencer sa vie ici.

– Était-elle schizophrène ?

– Les cérémonies de guérison ont éloigné les voix qu'elle entendait sauf celle de Marilyn, dont la personnalité était trop ancrée en elle. Le rituel a même eu pour effet secondaire de renforcer la dissociation entre Norma Jeane et Marilyn.

– Ainsi elle a eu des enfants.

– Une fille. Ophelia.

– Ophelia comme dans *Hamlet*, dis-je. Encore un personnage qu'elle aurait aimé jouer.

– Vous semblez bien la connaître, remarqua Sam.

– Comme des millions de gens.

– Qui est le père ? demanda Coco.

– Ce n'est pas mentionné dans le journal ?

Fervente joueuse de poker, mon épouse tenta un coup de bluff.

– Si, il y a un nom. Qui nous a étonnés.

Ils restèrent silencieux.

– Si vous ne partagez aucune info, on s'en remet à la police.

– Mon grand-père était John Fitzgerald Kennedy, avoua Grushenka.

Quelques secondes de silence entrecoupées par les crépitements des braises qui achevaient de se consumer nous ont permis de digérer l'information. Sam ajouta des explications à ce scoop.

– Kennedy ne l'a jamais su. Lorsque Marilyn est venue se cacher ici, elle était enceinte de quelques semaines. Notre homme-médecine a contribué au bon déroulement de sa grossesse.

– Ma grand-mère a élevé sa fille toute seule, ajouta Grushenka. Quand ma mère a été en âge d'être scolarisée, elle a intégré une école de la réserve. Elle était d'une grande beauté mais sa blondeur se voyait comme un feu au milieu de la nuit. Alors grand-mère lui teignait les cheveux et les lui coupait très court. Elle craignait qu'on ne fasse le rapprochement avec elle ou même avec Kennedy.

– Plus Ophelia grandissait, plus elle ressemblait à Norma Jeane, dit Sam avec émotion. Tant qu'elle restait au sein de la tribu, elle ne risquait pas grand-chose. Je suis tombé amoureux d'elle tout de suite. Nous nous sommes mariés et nous avons eu Grushenka.

– Un prénom soufflé par votre belle-mère.

– C'est le seul risque qu'elle a pris. Elle s'est peu à peu éloignée d'Ophelia de peur que le monde qu'elle avait fui ne rattrape sa fille.

– Ophelia est ici, avec vous ?

– Non. Elle travaille.

– Elle est psychiatre, n'est-ce pas ?

– Oui. Elle voulait soigner sa mère, tout comme Norma Jeane s'était occupée de la sienne.

À défaut de voir la fille de Marilyn Monroe, j'avais sa petite-fille devant moi. Avec du sang navajo dans les veines, elle était moins exposée.

– Au nom de la tranquillité de Norma Jeane, d'Ophelia et de Grushenka, est-ce que vous pouvez garder ce secret ? demanda Sam.

– Pendant combien de temps ?

– Pourquoi ?

– Je suis écrivain, j'aime les mythes et j'ai toujours eu de l'admiration pour votre belle-mère.

– Écrivez la vérité sur ma grand-mère, s'enflamma Grushenka. Elle le mérite. Et ceux qui l'aiment le méritent aussi. Dites surtout qu'elle a toujours été une belle personne avec une grande force intérieure. Grand-mère est totalement dénuée de cynisme et j'imagine dans quel état elle doit être si elle a tué ce cambrioleur.

– À force d'être trop gentil, les autres finissent par vous rendre méchant. Ce sont ses propres mots.

– Dites aussi qu'elle ne porte rien sous ses robes à part un cœur gros comme ça.

– C'est d'elle aussi ?

– Non, de moi.

– Sa petite-fille possède le même humour.

– Merci.

J'ouvris la boîte à gants de la Dodge pour en ressortir les cinq carnets endommagés.

– C'est tout ce que nous avons pu sauver, dis-je en les tendant à Grushenka.

– Je ne sais pas comment vous remercier.

– Ils appartiennent à votre grand-mère. Pas à moi.

– Vous écrirez sans ces preuves ? s'étonna Sam.

– J'avoue que j'ai photographié les pages importantes.

– A-t-elle fini par être heureuse ? demanda mon épouse.

– Son isolement lui a apporté beaucoup, répondit Sam, en particulier la jouissance des choses et l'acceptation de sa solitude, dans laquelle elle puise une liberté dont elle ne peut plus se passer. Avant, Marilyn accaparait l'attention des autres et inversement. Mais les relations humaines qu'elle entretenait n'ont jamais été à la hauteur de ses attentes. Non seulement elles la détournaient d'un rapport sain au monde, mais elles enlaidissaient la vision qu'elle en avait. Quand elle s'est retirée, elle a découvert la beauté autour d'elle. Alors pour répondre à votre question, oui, elle a fini par connaître le bonheur.

– Qu'allez-vous faire maintenant ?

– Maintenant ? Chercher ma grand-mère ! dit Grushenka.

Elle se tourna vers moi et ajouta :

– Avant d'écrire sur elle, je vous demande seulement de lui accorder quelques mois pour disparaître à nouveau.

– Je lui accorde bien plus, promis-je.

Nous sommes remontés en voiture encore sous le choc de ce qui fut la rencontre la plus extraordinaire de notre voyage. À la radio, Metallica chantait *Turn the page*.

Here I am, on the road again
There I am, up on the stage
Here I go, playing star again
There I go, turn the page

12

Nécrologie

1926-2012

Norma Jeane Mortenson, alias Norma Jeane Baker, Norma Jeane Mortensen, Norma Jeane Dougherty, Mana Monroe, Marilyn Monroe, Norma Jeane DiMaggio, Norma Jeane Miller, Zelda Zonk, Mary Miller, Martha Baxter, Gladys, alias Rose Loomis, Lorelei Lee, Pola Debevoise, Kay Weston, Cherie, Elsie Marina, Sugar Kane, Amanda Dell, a changé d'identité une nouvelle fois.

Certains ne lui pardonneront jamais d'avoir fui en 1962. Car en disparaissant, elle a nié la société malade des hommes sur laquelle elle brillait comme un soleil pour aller rayonner sur un morceau de désert où chaque caillou est un diamant et où la pluie est une robe de soie.

Norma Jeane aura 90 ans cette année.

Vence, février 2016

Playlist

Like a rolling stone, Bob Dylan
Try a little tenderness, Little Miss Cornshucks
Think, Aretha Franklin
What a wonderful world, Sam Cooke
Hit the road Jack, Ray Charles
River of no return, Marilyn Monroe
Crying in the rain, The Everly Brothers
Tous les garçons et les filles, Françoise Hardy
Down in the meadow, Marilyn Monroe
Kiss, Marilyn Monroe
How many more years, Howlin' Wolf
Sealed with a kiss, Brian Hyland
Around the world, Buddy Greco
Blow-up, Herbie Hancock
I'll play the blues for you, Albert King
Will you still love me tomorrow, The Shirelles
Alexandre Nevski, Sergueï Prokofiev
I'm in the mood, John Lee Hooker
New world in the morning, Roger Whittaker
Mean things happenin' in this world, Blackfire
I want you, I need you, I love you, Elvis Presley
Love me tender, Elvis Presley
Don't be cruel, Elvis Presley
Turn the page, Metallica

Table

1. Brûlée 11
2. Célébrée 21
Extrait n° 1 – 28 octobre 1999 30
3. Morte 45
Extrait n° 2 – 22 novembre 1999 50
4. Nue 83
Extrait n° 3 – 11 juillet 2006 90
5. Salie 103
Extrait n° 4 – 15 avril 2008 109
6. Violée 119
Extrait n° 5 – 3 août 2010 125
7. Exploitée 147
Extrait n° 6 – 1er juin 2012 156
8. Enfermée 163
Extrait n° 7 – 4 juillet 2012 168
9. Ressuscitée 179
Extrait n° 8 – 19 juillet 2012 185

10. Tué. 199
Extrait n° 9 – 5 août 2012 206
6 août 2012 208
11. Fin ? 249
12. Nécrologie 263
Playlist 267

MIXTE
Papier issu de
sources responsables
FSC® C003309

Les papiers utilisés dans cet ouvrage
sont issus de forêts responsablement gérées.

Imprimé en Espagne par Cayfosa
Mis en pages par IGS-CP
à L'Isle-d'Espagnac (16)
Dépôt légal : mai 2016
ISBN 978-2-7491-5054-6